U0917227

古典名著

阅读无障碍本

大学·中庸

古典名著犹如世代相传的火种，它点亮了人类的智慧和情感。

古典名著阅读无障碍本，是通过我们对古典名著的解读、注音、注释、翻译等，让广大的一般读者在阅读过程中，减少一些学习古代经典的障碍，让其在较短的时间里穿透深邃的历史时空，和古人的心灵相接、相励！

李春尧 译注

岳麓書社·长沙

图书在版编目(CIP)数据

大学·中庸/李春尧译注.—长沙:岳麓书社,2012.3(2022.10重印)
(古典名著阅读无障碍)
ISBN 978-7-80761-783-9

Ⅰ.①大… Ⅱ.①李… Ⅲ.①儒家②大学—注释③大学—译文④中庸—注释⑤中庸—译文 Ⅳ.①B222.1

中国版本图书馆CIP数据核字(2011)第272859号

DAXUE ZHONGYONG
大学·中庸
译　　注:李春尧
责任编辑:彭卫才
封面设计:吴颖辉
岳麓书社出版发行
地址:湖南省长沙市爱民路47号
直销电话:0731-88804152　0731-88885616
邮编:410006
版次:2012年3月第1版
印次:2022年10月第11次印刷
开本:890mm×1240mm　1/32
印张:4.5
字数:100千字
印数:64 001—67 000
ISBN 978-7-80761-783-9
定价:21.80元
承印:廊坊市博林印务有限公司

如有印装质量问题,请与本社印务部联系
电话:0731-88884129

目　录

大　学

导言……………………………………………………（3）

第一章……………………………………………………（6）
第二章……………………………………………………（10）
第三章……………………………………………………（12）
第四章……………………………………………………（14）
第五章……………………………………………………（18）
第六章……………………………………………………（20）
第七章……………………………………………………（22）
第八章……………………………………………………（25）
第九章……………………………………………………（27）
第十章……………………………………………………（29）
第十一章…………………………………………………（33）

中　庸

导言……………………………………………………（45）

第一章……………………………………………………（48）
第二章……………………………………………………（52）

第三章…………………………………………………………（54）
第四章…………………………………………………………（55）
第五章…………………………………………………………（57）
第六章…………………………………………………………（58）
第七章…………………………………………………………（60）
第八章…………………………………………………………（62）
第九章…………………………………………………………（63）
第十章…………………………………………………………（65）
第十一章………………………………………………………（68）
第十二章………………………………………………………（70）
第十三章………………………………………………………（74）
第十四章………………………………………………………（77）
第十五章………………………………………………………（79）
第十六章………………………………………………………（81）
第十七章………………………………………………………（83）
第十八章………………………………………………………（85）
第十九章………………………………………………………（88）
第二十章………………………………………………………（91）
第二十一章……………………………………………………（101）
第二十二章……………………………………………………（103）
第二十三章……………………………………………………（105）
第二十四章……………………………………………………（107）
第二十五章……………………………………………………（109）
第二十六章……………………………………………………（111）
第二十七章……………………………………………………（115）
第二十八章……………………………………………………（118）
第二十九章……………………………………………………（121）

第三十章……………………………………………………（125）
第三十一章…………………………………………………（127）
第三十二章…………………………………………………（129）
第三十三章…………………………………………………（131）

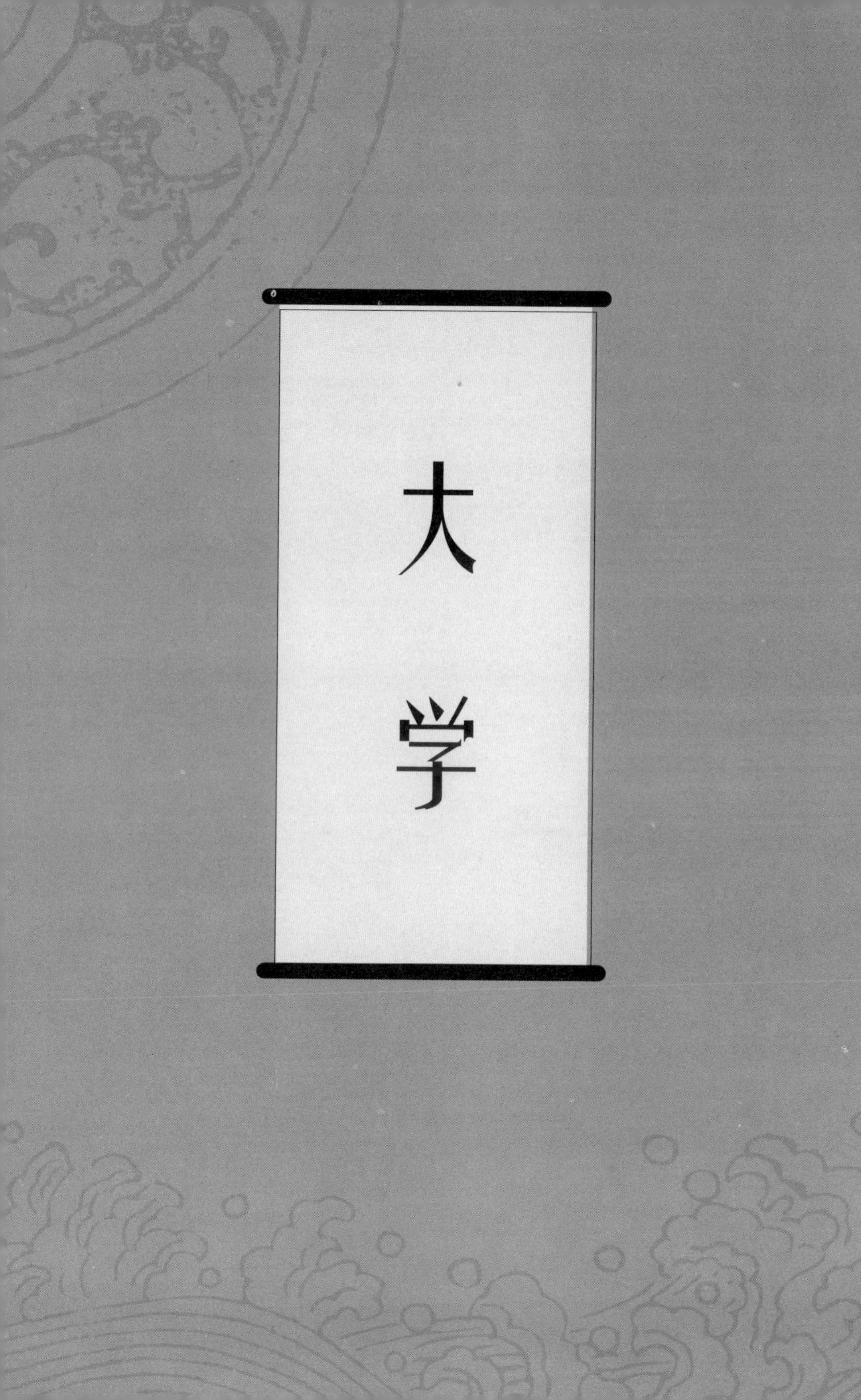

大学

导 言

《大学》的成书

《大学》原为《礼记》中的一篇。

《礼记》是战国至秦、汉期间儒家学者解释、说明《仪礼》的文章选集。这些文章的作者不止一人，写作时间也有早有晚，其中大部分篇章可能是孔子弟子及再传弟子的作品。

传统说法认为，《礼记》的编纂者是西汉儒学家戴德和他的侄子戴圣。戴德选编的八十五篇本叫做《大戴礼记》，到了唐代只剩下了三十九篇；而戴圣选编的四十九篇本叫做《小戴礼记》，即是通常所谓的《礼记》。

东汉末年，郑玄为《小戴礼记》作注，使《小戴礼记》影响渐大，由“记”升级为“经”。到了唐代，《小戴礼记》被列为“九经”之一；而到了宋代，更被列为“十三经”之一，成为士子必读之经典。

《礼记·大学》在唐代以前并不特别为人所重视。到了唐代，佛教兴盛，儒学日衰。为了扭转颓势，韩愈等儒学家引用《礼记·大学》中的文字，阐发儒家“修齐治平”的思想，试图以此与佛学相抗。此时，《礼记·大学》开始为人关注。

宋代以前，《大学》并无单行。北宋天圣八年（1030 年），

宋仁宗以《大学》赐给进士王拱宸等，这可能是《大学》单行的开始。此后，程颢、程颐兄弟各自根据自己的理解，分别作了《大学》改本，编定了《大学》的章次，并把《大学》一书抬到极高的地位："《大学》，孔氏之遗书，而初学入德之门也。"

至南宋淳熙年间，理学的集大成者朱熹又进一步发扬了二程的思想，对《大学》作了进一步的整理和编订。他把全文分为"经一章""传十章"，其中："经一章，盖孔子之言，而曾子述之。其传十章，则曾子之意，而门人记之也。"他还认为，"格物致知"一章已经缺失，便自己作了《补传》。经过这些改动，朱熹整理本的《大学》和《礼记·大学》就有了很大不同，后人就将前者称为"致本大学"，而后者称为"古本大学"。经过朱熹的整理，"致本大学"渗入了更多的理学色彩，突出了对"心性"的重视，有了更多的哲学意味。

元仁宗皇庆二年（1313 年），朱熹所注的《四书》成为科举考试的官方教材："汉人、南人第一场明经经疑二问，《大学》《论语》《孟子》《中庸》内出题，并用朱氏《章句》《集注》，复以己意结之"（《元史·选举一》）。从此以后，直到废除科举，朱熹所注解的《大学》一直是中国读书人熟读成诵的经典。

《大学》的作者

《大学》的作者是谁？《礼记》并没有说明。宋代的朱熹认为：《大学》的"经一章""盖孔子之言，而曾子述之"；"传十章""则曾子之意而门人记之也"。意即，经文部分是曾子所述的孔子之言，而传文部分是曾子门人所记录的曾子思想。曾子（前505—前435）名参，字子舆，他和父亲曾点都是孔子的著名弟子。

朱熹的说法虽然影响很大，但是这一说法也受到普遍质疑。在当代学者中，冯友兰等人认为作者属荀子一派；而郭沫若等人认为作者属思孟一派。张岱年则认为是“战国时代儒家学者的著作”（《大学浅解》序，郭兰芳著，中国社会科学出版社 2003 年版）。考虑到众说纷纭，暂无定论，所以本书仍沿袭传统的观点，把曾子作为《大学》一书的作者。

李春尧

2011 年 9 月于中国人民大学

第一章

导读

本章朱熹称为“经一章”，阐明大学的宗旨和纲要。其中，“明明德”“亲民”“止于至善”为大学的“三纲”，“格物”“致知”“诚意”“正心”“修身”“齐家”“治国”“平天下”为大学的“八条目”。“三纲”和“八条目”都是层层递进的关系。在“八条目”之中，从“格物”到“修身”五个方面是“内圣”，而“齐家”“治国”“平天下”是“外王”。儒家哲学虽然范围广博，但是概括起来说，无非是通过“修己安人”以达到“内圣外王”。按梁启超的解释：“做修己的功夫，做到极处，就是内圣；做安人的功夫，做到极处，就是外王。”“人格锻炼到精纯，便是内圣；人格扩大到普遍，便是外王。儒家千言万语，各种法门，都不外归结到这一点。”所以不夸张的说，儒家哲学的入门精要，便在这《大学》“经一章”之中了。

本章可以理解为四个层次：(1) 本章第一句话为第一层次，指出“大学之道”的“三纲”：“明明德”“亲民”“止于至善”。(2) 从“知止而后有定”到“则近道矣”是第二层次，阐述实现“三纲”的具体做法与规定（知止、定、静、安、虑、得）。(3) 从“古之欲明明德于天下者”到“国治而后天下平”为第三层次。先以正序（由外而内）推演“八条目”，后用反序（由内而外）重新申说一番，循环往复，以彰其义。(4) 从“自天子以至于庶人”到本章末为第四层次。指明“修身”为“八条目”

之根本与关键：格物、致知、诚意、正心，其目的是为了修身；而齐家、治国、平天下，必须以修身为基础和前提。“八条目”之中，“修身”处于最关键的地位，是联系“内圣”和“外王”的枢纽。

“经一章”是《大学》的总论，亦为其要义之所在。以下的各章都是对“三纲八条目”的具体阐释。

原文

大学之道①，在明明德②，在亲民③，在止于至善④。知止而后有定⑤，定而后能静⑥，静而后能安⑦，安而后能虑⑧，虑而后能得⑨。物有本末⑩，事有终始。知所先后，则近道矣。

古之欲明明德于天下者，先治其国；欲治其国者，先齐其家⑪；欲齐其家者，先修其身⑫；欲修其身者，先正其心；欲正其心者，先诚其意；欲诚其意者，先致其知⑬；致知在格物。⑭

物格而后知至，知至而后意诚，意诚而后心正，心正而后身修，身修而后家齐，家齐而后国治，国治而后天下平。

自天子以至于庶人⑮，壹是皆以修身为本⑯。其本乱，而末治者否矣。其所厚者薄，而其所薄者厚⑰，未之有也⑱。

注释

①大学：大人之学，相对于“小学”而言。古人八岁入小学，学习文化基础知识和礼节；十五岁入大学，学习做人做事的道理。

②明明德：前一个“明”是动词，“使……明”的意思。后一个“明”是形容词，光明的意思。明德，光明正大的德性。

③亲民：亲爱民众。或可理解为“新民”，“亲”“新”古时

通用。“新民”：使民新，即让民众弃旧向新的意思。

④至善：最善，最完善的境界。止于至善：达到最完善的境界。

⑤定：志向坚定。

⑥静：心不妄动。

⑦安：性情安稳。

⑧虑：认真思考。

⑨得：（思想上）有所得。

⑩本末：根本和枝末。

⑪齐其家：治理好他的家庭或家族。

⑫修其身：修养好他的品行。

⑬致其知：使自己获得知识。

⑭格物：“格物”有多种解释。朱熹注：“格，至也。物，犹事也。穷至事物之理；欲其极处无不到也。”意即，格物是穷尽事物之理的意思。而王守仁认为：“物者，事也。凡意之所发，必有其事；意所在之事谓之物。格者，正也。正其不正，以归于正之谓也。”本书采用朱熹之说。

⑮庶人：平民百姓。

⑯壹是：全都是。本：根本。

⑰所厚者薄：该重视的没有重视。所薄者厚：不该重视的反而重视。

⑱未之有：没有这样的道理。

译文

大学的道理，在于使自己的光明德性得以显现，使民众弃旧向新，使人的道德达到最完善的境界。知道了所应达到的境界就能志向坚定，志向坚定就能心不妄动，心不妄动就能性情安稳，性情安稳就能认真思考，认真思考就能有所收获。每样东西都有根本和末节，每件事都有开始和终结。知道了本末始终的先后次序，就接近事物本来的道理了。

古代那些想要在天下彰明光明德性的人，先要治理好自己的国家；想要治理好自己的国家，先要治理好自己的家庭；想要治理好自己的家庭，先要修养好自己的品行；想要修养好自己的品行，先要端正自己的心思；想要端正自己的心思，先要使自己的意念真诚；想要使自己的意念真诚，先要使自己获得知识；获得知识的途径在于穷尽万事万物的道理。

穷尽了万事万物的道理，才能获得知识，获得了知识才能使自己意念真诚，意念真诚才能使心思端正，心思端正才能修养好品行，品行修养好才能治理好家庭，家庭治理好才能治理好国家，国家治理好才能使天下太平。

上至天子，下至平民百姓，都要把修养自己的品行作为根本。如果这个根本乱了，那么治理好家庭、国家、天下是不可能的。如果本末倒置，该重视的不去重视，不该重视的反而重视，这样想要达到治国平天下的目的，是不可能的。

第二章

导读

朱熹把本章称为“传之首章，释明明德”。本章引用了《尚书》中的三句话，说明了“明德”是上天所赋、人之本有的美德，是可以、也是必须要弘扬的。

原文

《康诰》[①]曰：“克明德[②]。”《大甲》[③]曰：“顾[④]諟[⑤]天之明命[⑥]。”《帝典》[⑦]曰：“克明峻德[⑧]。”皆自明[⑨]也。

注释

①《康诰》：《尚书·周书》中的一篇。

②克：能够。克明德：能够明明德。

③《大甲》：《尚书·商书》中的一篇。读作 tàijiǎ。

④顾：念，顾念。

⑤諟：读作 shì，同“是”，“此”的意思。

⑥天之明命：朱熹注：“即天之所以与我，而我之所以为德者也。”明命：光明的使命，光明的德性。

⑦《帝典》：即《尧典》，《尚书·虞书》中的一篇。

⑧明峻德：明，彰明，弘扬。峻，或作“俊”，大、崇高的意思。

⑨自明：意即“自明其明德”，自我明了、彰明自己的光明

德性。

译文

《康诰》中说："能够彰明光明的德性。"《大甲》中说："要顾念上天赋予人的光明的德性。"《尧典》中说："能够弘扬崇高的美德。"这些都是说，要自我明了并发扬人的光明的品德。

第三章

导读

朱熹称本章为“传之二章，释新民”。本章引用《盘铭》《尚书·康诰》和《诗经·大雅·文王》来诠释“新民”。“新民”既要求君主自新，又要求使人民更新，要求君主以身示范，激励人民不断振作革新，追求达到至善的境地。

原文

汤[①]之《盘铭》[②]曰：“苟日新[③]，日日新，又日新。”《康诰》曰：“作新民[④]。”《诗》[⑤]曰：“周虽旧邦[⑥]，其命维新[⑦]。”是故君子无所不用其极[⑧]。

注释

①汤：成汤，商朝的开国君主。

②盘铭：盘，盛水的器皿。铭，刻在器皿上的文字，用以警示自己。盘铭就是刻在盛水器皿上的、用以警示自己的文字。

③苟：作“诚”解。亦可理解为“如果”。新：既是说身体上焕然一新，指通过洗涤除去身体上的尘垢；又是指心灵上焕然一新，指不断反省自己。

④作新民：作，振作的意思。朱熹注：“鼓之舞之之谓作，言振起其自新之民也。”作新民，意即使人振作自新。

⑤《诗》：《诗经》。以下两句引文出自《诗经·大雅·文

王》。

⑥周虽旧邦：周朝虽然是个古老的国家。

⑦其命维新：其命，指周朝的天命。维新，革新。其命维新，大意是说，因为周朝的统治者能不断革新自己，所以能得到天命的眷顾。

⑧是故：所以。君子：有道德的人。极：至善的境地。无所不用其极：凡事都追求做到至善。

译文

成汤刻在盆上的警句说："如果今天能涤除身体上、心灵上的尘垢，使身心都焕然一新，那么就要每天如此，新了还要追求更新。"《康诰》说："要激励人民振作，不断革新自己。"《诗经》说："周朝虽然是个古老的国家，但是由于统治者的革新进取，所以能得到上天的眷顾，禀受新的天命。"所以，有道德的人应该凡事都追求达到至善的境地。

第四章

导读

朱熹称本章为“传之三章，释止于至善”。本章引用《诗经》和孔子的话来诠释“止于至善”。本章的关键是“止”字。

开篇三次引用《诗经》，试图说明“止”的重要性和必要性：“引《玄鸟》之诗明至善之当止也，引《绵蛮》之诗明止之不可不知也，引《文王》之诗明静安之至则能虑而得也。”（清·李光地《大学古本说》）

随后，本章提出了五条重要人伦准则：君要仁，臣要敬，子要孝，父要慈，相交要信。只要做到这些，才能达到“止于至善”。

最后，引《诗经·卫风·淇澳》，借以说明君子要不断学修，提高自己的道德品质，达到至善的境界。又引《诗经·周颂·烈文》，歌颂前王功德，激励君子努力进取。

原文

《诗》[①]云：“邦畿千里[②]，惟民所止[③]。”《诗》[④]云：“缗蛮[⑤]黄鸟，止于丘隅[⑥]。”子曰：“于止[⑦]，知其所止，可以人而不如鸟乎！”《诗》[⑧]云：“穆穆[⑨]文王，於缉熙敬止[⑩]！”为人君，止于仁；为人臣，止于敬；为人子，止于孝；为人父，止于慈；与国人交，止于信。

《诗》[⑪]云：“瞻彼淇澳[⑫]，菉竹猗猗[⑬]。有斐[⑭]君子，如切如磋[15]，如琢如磨[16]。瑟兮僩兮[17]，赫兮喧兮[18]。有斐君子，终不可諠[19]兮！”“如切如磋”者，道学也[20]；“如琢如磨”者，自修也[21]，“瑟兮僩兮”者，恂慄也[22]；“赫兮喧兮”者，威仪也；“有斐君子，终不可諠兮”者，道盛德至善，民之不能忘也。

《诗》[23]云：“於戏[24]！前王不忘[25]。”君子贤其贤而亲其亲，小人乐其乐而利其利[26]，此以没世不忘也[27]。

注释

①《诗》：《诗经》。以下两句引文出自《诗经·商颂·玄鸟》。

②邦畿：国都。朱熹注：“邦畿，王者之都也。”

③民所止：人民居住的地方。

④《诗》：《诗经》。以下两句引文出自《诗经·小雅·绵蛮》。

⑤缗蛮：鸟叫的声音。

⑥止：栖息。丘隅：山的一角。

⑦于止：对于居住的地方。

⑧《诗》：《诗经》。以下两句引文出自《诗经·大雅·文王》。

⑨穆穆：深沉端庄的样子。朱熹注：“深远之意。”

⑩於：读作 wū。叹美词。缉：继续。熙：光明。敬止：朱熹注：“言其无不敬而安所止也。”“穆穆文王，於缉熙敬止！”全句大意是：深沉远大的文王，能够不断发扬他的光明美德，始终恭敬庄重，使自己处于至善的境地。

⑪《诗》：《诗经》。以下两句引文出自《诗经·卫风·淇澳》。

⑫瞻彼淇澳：淇，淇水，在今河南北部。澳，读作yù，水涯曲折之处。

⑬菉：通“绿”。猗猗：美丽茂盛的样子。

⑭斐：文质彬彬的。

⑮如切如磋：治骨曰切，治象曰磋。如切如磋，意即：如同对骨角进行切割磋光一样。

⑯如琢如磨：治玉曰琢，治石曰磨。如琢如磨，意即：如同对玉石进行雕琢打磨一样。

⑰瑟兮僩兮：瑟，严密的样子。僩，读作 xiàn，勇武的样子。

⑱赫兮喧兮：赫、喧，盛大的样子。

⑲諠：读作 xuān，忘记。

⑳道：言，说。学：讲习讨论之事。

㉑自修：自我省察。

㉒恂慄：读作 xúnlì。严峻、戒惧的样子。

㉓《诗》：《诗经》。以下一句引文出自《诗经·周颂·烈文》。

㉔於戏：读作 wūhū。与“呜呼”同义。

㉕前王：指周文王、周武王。

㉖这里所谓的“君子、小人”是就其地位（而非道德）而言。“君子”即指君王、贵族，“小人”即指庶民、百姓。

㉗此以：因此。没世：去世。

译文

《诗经·商颂·玄鸟》说：“一国都城的方圆千里之地，都是人民居住的地方。”《诗经·小雅·绵蛮》说：“鸣叫着的黄鸟，栖息在山丘的一角。”孔子说：“小鸟都知道它所该栖息的地方，人怎么可以连鸟儿都不如呢！”《诗经·大雅·文王》说：“深沉远大的文王，能够不断发扬它的光明美德，始终恭敬庄重，使自己处于至善的境地!”做国君的，要做到仁爱百姓；做臣子的，要做到恭敬君主；做儿女的，要做到孝敬父母；做父母的，要做到慈爱儿女；和他人交往时，要做到诚信。

《诗经·卫风·淇澳》说：“看那淇水弯弯的岸边，翠绿的竹子茂密地生长。有位文质彬彬的君子，研究学问如同加工骨器，不断切磋；自我省察如同打磨玉器，不断琢磨。他是多么严谨，多么武勇。他是那样的光明煊赫。这样一位文质彬彬的君子，真是让人难忘啊!”这里说的“如同加工骨器，不断切磋”，是指君子研究学问的态度；这里说的“如同打磨玉器，不断琢磨”，是指君子自我省察的功夫；说他“多么严谨，多么武勇”，是指他内心充满敬畏；说他“光明煊赫”，是指他仪表堂堂，使人尊敬；说“这样一位文质彬彬的君子，真是让人难忘啊”，是指他的道德崇高，臻于至善，所以让人难以忘怀。

《诗经·周颂·烈文》说：“啊！前代的君王（周文王、周武王）真是让人难忘啊!”后代的君王、贵族以前王为榜样，尊敬前王所尊敬的贤人，亲近前王所亲近的亲人，而后代的庶民、百姓也蒙受前王的恩泽，享受安乐，获取福利。所以，前王即使去世，人们还是记得他们。

第五章

导读

朱熹称本章为“传之四章，释本末”。本章引用孔子的话，说明“听讼”是末，“明德”为本。朱熹说：“引夫子之言，而言圣人能使无实之人，不敢尽其虚诞之辞。盖我之明德既明，自然有以畏服民之心志。故讼不待听而自无也。观于此言，可以知本末之先后矣。”（《四书集注·大学章句》）

原文

子曰[①]：“听讼[②]，吾犹人也[③]，必也使无讼乎！”无情[④]者不得尽其辞[⑤]。大畏民志[⑥]，此谓知本。

注释

①子曰：孔子说。以下引文可见《论语·颜渊》。

②听讼：听诉讼，审讯讼案。

③吾犹人也：我和别人是一样的。犹，如同。

④情：实。

⑤不得尽其辞：不能乱说虚妄之辞，巧言辩说。辞，这里指虚妄之辞。

⑥大畏民志：使民心畏服。民志：民心。

译文

孔子说："审理案子，我是和别人一样的，一定要使人民没有争讼。"要使那些没有真情实事的人不能乱说虚妄之辞。使民心畏服，这就是知道根本。

第六章

导读

朱熹称本章为“传之五章，释格物致知之义”。本章方括号中的部分为朱熹作的“补传”，这段文字是朱熹的发挥，并非《大学》的原文。

有人认为，这段补写是多余的。如明代张侗初“‘大畏民志’，格物也。‘此谓知本’，物有本末之本也。物格而后知至矣，故曰：‘此谓知本，此谓知之至也’。此正是释格物致知，直捷痛快，不须蛇足。”（《四书遇·听讼章》）清代张岱也认为：“以‘古之欲明明德’直接在‘止于至善’之下，直截痛快，不必更为补传。”（《四书遇·知本章》）

不过不可否认的是，朱熹的补传推理严密，自有特色，有助于我们对《大学》精神的理解，所以，本译注仍将之保留，并作译文。

原文

（此谓知本。）

[所谓致知在格物者，言欲致吾之知，在即物而穷其理也。盖人心之灵莫不有知，而天下之物莫不有理，惟于理有未穷，故其知有不尽也。是以《大学》始教，必使学者即凡天下之物，莫不因其已知之理而益穷之，以求至乎其极。至于用力之久，而一旦豁然贯通焉，则众物之表里精粗无不到，而吾心之

全体大用无不明矣。此谓物格。］此谓知之至也。

注释

①此谓知本：这句和上一章的末句相同。程颐、朱熹均认为这句是衍文，应删去。

朱熹认为，这一章有一段阙文，所以他就“窃取程子之意以补之”。下文方括号中的“所谓致知在格物者……此谓物格”就是朱熹的“补传”。

译文

（这就是知道根本。）

［（“经一章”）中所说的“获得知识的途径在于穷尽万事万物的道理”，说的是想要获得知识，必须要接触事物，穷尽它的道理。人心是有灵性的，都有认知的能力；而天下的事物，都有其道理。只是因为人没有能完全穷尽它们的道理，所以人获得的知识也有限。所以《大学》开始教人，一定要使求学的人接触天下的万事万物，以自己已有的知识作为基础，进一步探究钻研，争取做到达到极限，穷尽万物所有的道理。等到用功的时间久了，总有一天会豁然贯通，到那时，万事万物的里外巨细都弄清楚了，而自己心灵的整体和作用也都得以呈现。这就叫做事物的道理得以研究。］这就是知识的顶点。

第七章

导读

朱熹称本章为“传之六章，释诚意”。本章提出了“慎独”这个概念，认为“诚意”要求不自我欺骗，因此就要做好“慎独”的功夫。唐代孔颖达说：“此一节明诚意之本，先须慎其独。”关于“独”，宋代卫湜引新定邵氏曰：“独非特孤独处之谓也。虽与人同堂合席，而意藏于中，人所不知，己所独知者，皆君子致谨之时也。能谨其独，则能诚其意也。”（卫湜《礼记集说》卷一百五十）也就是说，“独”强调的不是“独处”，而是“独知”。如果能把握好“独知”，就可以慢慢“诚其意”了。

原文

所谓诚其意者：毋①自欺也。如恶恶臭②，如好好色③，此之谓自谦④。故君子必慎其独⑤也！小人⑥闲居⑦为不善，无所不至，见君子而后厌然⑧，掩⑨其不善，而著⑩其善。人之视己，如见其肺肝然，则何益矣。此谓诚于中，形于外，故君子必慎其独也。曾子⑪曰：“十目所视，十手所指，其严⑫乎！”富润屋⑬，德润身⑭，心广体胖⑮。故君子必诚其意。

注释

①毋：不要。

②如恶恶臭：第一个“恶”读作 wù，动词，厌恶的意思；

第二个“恶”读作 è，形容词，不好的意思。臭，读作 xiù，气味。如恶恶臭，如同厌恶不好的气味。

③如好好色：第一个“好”读作 hào，动词，喜欢的意思；第二个“好”读作 hǎo，形容词，美好的意思。色：美色。如好好色，如同喜爱美丽的女子。

④谦：通“慊（qiè）”，满足。

⑤慎其独：在自己独自一人时保持谨慎。

⑥小人：没有道德的人。本章的“君子”“小人”是就道德（而非地位）而言的，和第四章中的“君子”“小人”有所不同。

⑦闲居：独处。

⑧厌然：厌，读作 yǎn。厌然，躲躲闪闪、见不得人的样子。

⑨掩：掩盖、遮掩。

⑩著：显示。

⑪曾子：曾参，字子舆，孔子弟子。

⑫严：敬畏。

⑬富润屋：润，润饰。富润屋，财富能装饰房屋。

⑭德润身：道德能修养自身。

⑮心广体胖：胖，读作 pán，朱熹注：“胖，安舒也。”心广体胖：心胸宽广，身体安乐舒适。

译文

（“经一章”）中所说的“使自己的意念真诚”：是说不要自己欺骗自己。就像厌恶不好的味道一样，就像喜爱美丽的女子一样，（一切都出自内心的真实，）这就是自我满足，没有矫饰。所以，君子一定要做到在自己独自一人时保持谨慎！小人在独处时做坏事，无所不为，见到君子后就躲躲闪闪，掩盖他的坏处，彰显他的好处。可是在别人看来，如同看见他的肺肝内脏一样，这又有什么用呢？这就是说，内心的真实一定会表现于外在，所以君子一定要在自己独处时保持谨慎。曾子说：“（一个人独处的时候，）十只眼睛盯着你，十只手指着你，多么严峻可怕啊！”财富可以装饰房屋，道德则可以润泽身心，心胸宽广了，身体自然安乐舒适。所以君子一定要使自己的意念真诚。

第八章

导读

朱熹称本章为“传之七章，释正心修身”。本章上承前一章之“释诚意”，下启后一章之“释修身齐家”。朱熹说：“盖意诚则真无恶而实有善矣，所以能存是心以检其身。然或但知诚意，而不能密察此心之存否，则又无以直内而修身也。”本章意在阐明：修身的关键在于正心。

本章从反面说明了，何以“修身在正其心”。具体说来，人如果受到愤怒、恐惧、好乐、忧患等情绪、心态的影响，就不能使心“得其正”。心若不专注，就“视而不见，听而不闻，食而不知其味”。

原文

所谓修身在正其心者，身①有所忿懥②，则不得其正③；有所恐惧，则不得其正；有所好乐，则不得其正；有所忧患，则不得其正。心不在焉，视而不见，听而不闻，食而不知其味。此谓修身在正其心。

注释

①身：程颐认为这里的“身”当作“心”。译文采纳程颐的说法。

②忿懥：懥，读作 zhì。忿懥，愤怒的意思。

③不得其正：朱子注："盖是四者（忿懥、恐惧、好乐、忧患），皆心之用，而人所不能无者，然一有之而不能察，则欲动情胜，而其用之所行，或不能不失其正矣。"

译文

（"经一章"）中所说的"想修养好自己的品行，先要端正自己的心思"，说的是，如果心里有愤怒，就不能端正；如果心里有恐惧，就不能端正；如果心里有偏好，就不能端正；如果心里有忧虑，就不能端正。假如心不专注、不在其位，那么，虽然眼睛在看，但是看不真切，耳朵在听，但是听不真切，嘴里在吃东西，但是不知道事物的味道。这就是说，要想修养好自己的品行，必须先端正自己的心思。

第九章

导读

朱熹称本章为“传之八章，释修身齐家”。

本章重点阐述：人很容易受情感好恶的控制，很容易产生偏见。古谚说：“人莫知其子之恶，莫知其苗之硕。”今天的俗话说：“孩子是自己的好，老婆是别人的好。”说的就是这个现象。

致力于“大学之道”的君子要努力做到“好而知其恶，恶而知其美”，尽量避免个人狭隘的情感好恶带来的偏见。避免了偏见的产生，就能较客观地处理人际关系，进而达到“家齐”的目的。

原文

所谓齐其家在修其身者，人之①其所亲爱而辟②焉，之其所贱恶③而辟焉，之其所畏敬而辟焉，之其所哀矜④而辟焉，之其所敖惰⑤而辟焉。故好⑥而知其恶，恶⑦而知其美者，天下鲜⑧矣！故谚⑨有之曰：“人莫知其子之恶，莫知其苗之硕⑩。”此谓身不修不可以齐其家。

注释

①之：于，对于。

②辟：同僻。偏，偏向。

③恶：读作wù，厌恶。

④哀矜：哀怜，同情，怜悯。

⑤敖惰：敖，通“傲”，骄傲。惰，怠慢，懈怠。

⑥好：读作 hào，喜爱。

⑦恶，读作 wù，动词，憎恶。

⑧鲜，读作 xiǎn，少。

⑨谚：俗语。

⑩硕：大。

译文

（“经一章”）中所说的“想要治理好自己的家庭，先要修养好自己的品行”，意思是说：人们对他们所亲爱的人有所偏见，表现得过分亲近爱护；对他们所轻贱、厌恶的人有所偏见，表现得过分轻贱厌恶；对他们所敬畏的人有所偏见，表现得过分敬畏；对他们所同情的人有所偏见，表现得过分同情；对他们所轻视、怠慢的人有所偏见，表现得过分轻视怠慢。所以喜爱某人而又知道他的缺点，讨厌某人而又知道他的优点，这样的人是天下少见的！所以俗语说得好：“人都不知道自己孩子的缺点，都不满足自己禾苗的茁壮。”这就是说，不修养好自己的品行就不可以治理好自己家庭。

第十章

导读

朱熹称本章为“传之九章，释齐家治国”。本章可分为三节：

第一节，从开始到“未有学养子而后嫁者也”，论述治家和治国的一致性。本节提出了三项道德原则：孝、弟（悌）、慈，如果把这三项道德从治家推广到治国，就能自然而然地完成对全国人民的教化。朱熹说：“身修则家可教矣。孝、弟、慈，所以修身而教于家者也。然而国之所以事君、事长、使众之道，不外乎此。此所以家齐于上，而教成于下也。”

本节又引《尚书·康诰》，论述君主要像爱护婴儿一样爱护百姓，如果能有爱婴儿一样的诚心，离治理好国家就相距不远了。其后又举“未有学养子而后嫁”为例，论述治国没有成法，只能边干边学，但是只要能把齐家的孝、弟、慈加以推广，就不难达到治国有成的目的。

第二节，从“一家仁”到“故治国在齐其家”，继续论述治家和治国的一致性。本节重点强调君主的表率作用，以尧舜和桀纣为例，论述了治国和治家一样，都是上行而下效：国君仁则国家仁，国君暴则国家暴。所以，国君一定要重视自身的道德修养。

第三节，从“《诗》云”直到最后。本节三引《诗经》，进一步阐明“治国在齐其家”的道理。朱熹说：“三引《诗》，皆以咏叹上文之辞，而又结之如此，其味深长，最宜潜玩。”

原文

所谓治国必先齐其家者，其家不可教而能教人者，无之。故君子不出家而成教于国。孝者，所以事君也；弟[①]者，所以事长也；慈[②]者，所以使众也。《康诰》曰："如保赤子[③]。"心诚求之，虽不中[④]不远矣。未有学养子而后嫁者也。

一家仁，一国兴仁；一家让，一国兴让；一人贪戾[⑤]，一国作乱。其机[⑥]如此。此谓一言偾事[⑦]，一人定国。尧、舜帅天下以仁[⑧]，而民从之；桀、纣[⑨]帅天下以暴，而民从之。其所令反其所好，而民不从。是故君子有诸己而后求诸人[⑩]，无诸己而后非诸人。所藏乎身不恕[⑪]，而能喻[⑫]诸人者，未之有也。故治国在齐其家。

《诗》[⑬]云："桃之夭夭[⑭]，其叶蓁蓁[⑮]。之子于归[⑯]，宜[⑰]其家人。"宜其家人，而后可以教国人。《诗》[⑱]云："宜兄宜弟。"宜兄宜弟，而后可以教国人。《诗》[⑲]云："其仪不忒[⑳]，正是四国[㉑]。"其为父子兄弟足法，而后民法之也。此谓治国在齐其家。

注释

①弟：同"悌（tì）"，善事兄长，弟弟尊重哥哥。

②慈：慈爱，父母爱子女。

③如保赤子：《尚书·周书·康诰》原文作："若保赤子。"赤子：婴儿。如保赤子：（爱护百姓，）如同父母保护婴儿一样。

④中，读作 zhòng，达到目标。

⑤贪戾：贪婪、暴虐。

⑥机：原指弩箭上的发动机关，引申为关键之义。

⑦偾事：偾，读作 fèn，败坏。偾事，败事、坏事。

⑧尧、舜：中国古代传说中的帝王，儒家认为是圣明君主的代表。帅：同“率”，率领。

⑨桀、纣：此二人被认为是暴君的代表。桀，读作jié，夏朝的末代君主。纣，商朝的末代君主。

⑩诸：“之于”的合音。“君子有诸己而后求诸人，无诸己而后非诸人”，朱熹注：“有善于己，然后可以责人之善；无恶于己，然后可以正人之恶；皆推己以及人，所谓恕也。”

⑪恕：恕道，推己及人，将心比心的品德。

⑫喻：晓喻。

⑬《诗》：《诗经》，以下四句引文出自《诗经·周南·桃夭》。

⑭夭夭：鲜嫩美丽的样子。

⑮蓁蓁：茂盛的样子。

⑯之子于归：之子，这个女子。于归：出嫁。于，往。归，出嫁。在古代，妇人以夫家为家，所以归即为出嫁之意。

⑰宜：善。

⑱《诗》：《诗经》。以下一句引文出自《诗经·小雅·蓼萧》。

⑲《诗》：《诗经》。以下两句引文出自《诗经·曹风·鸤鸠》。

⑳其仪不忒：仪，仪表。忒，读作tè，差错。

㉑正是四国：匡正四方的国家。

译文

（“经一章”）中所说的“要治理好国家，先要治理好自己的家庭”，意思是说，自己的家人都不能管教好，而能管教好别人，这是没有的事。所以，君子能够不出家门，而能完成对整个国家的教育。孝顺父母，自然能侍奉君主；恭敬兄长，自然能侍奉尊长；慈爱子女，自然能善待民众。《康诰》说：“（爱护百姓，）如同爱护婴儿一样。”如果能诚心追求这样对待百姓，那么即使达不到目标，也不会差得太远的。从来没有女人先学会养育孩子然后才去嫁人的啊。

国君一家仁爱，一国人也会兴起仁爱；国君一家礼让，一国人也会兴起礼让；国君一人贪婪暴虐，一国人就会群起作乱。其间的关联就是这样要紧。这就是说，一句话可以败坏大事，一个人可以安定国家。尧、舜用仁爱统率天下，人民跟着仁爱；桀、纣用暴虐统率天下，人民跟着暴虐。如果国君的命令和他们的实际做法相反，那么人民是不会听从的。所以，君子一定要自己首先行善，然后再要求别人行善；自己首先不作恶，然后再要求别人不作恶。自己没有奉行推己及人的恕道，而要晓喻别人听从，这是不可能的。所以说要治理好自己的国家，先要治理好自己的家庭。

《诗经·周南·桃夭》说：“桃花开得娇嫩美丽，枝叶茂盛，这个女子出嫁到夫家，一定能和睦他们全家人。”让自己家里的人和睦相处，然后才能教育一国的人和睦相处。《诗经·小雅·蓼萧》说：“兄弟和睦。”做到兄弟之间和睦，然后才能教育一国的人和睦相处。《诗经·曹风·鸤鸠》说：“他的行为规范毫无差错，可以匡正四方的国家。”一个人只有在作为父、子、兄、弟时都值得效法，他才能成为人民效法的对象。这就是说，要治理好自己的国家，先要治理好自己的家庭。

第十一章

导读

朱熹称本章为“传之十章，释治国平天下”。本章可分为四节：

第一节，从开始到“此之谓絜矩之道”。本节首先提出，国君如果能做到“老老”“长长”“恤孤”，百姓就能做到孝、悌、慈。朱熹说：“言此三者，上行下效，捷于影响，所谓家齐而国治也。亦可以见人心之所同，而不可使有一夫之不获矣。是以君子必当因其所同，推以度物，使彼我之间各得分愿，则上下四旁均齐方正，而天下平矣。”接着就提出了一个重要概念：絜矩之道。“絜矩之道”，简单地说，就是以身作则、推己及人、己所不欲勿施于人的原则。

第二节，从“《诗》云”到“货悖而入者，亦悖而出”。本节三引诗经，先论述君民之间的关系，后论述君主的德行与国家得失的关系，继而指出“得众则得国，失众则失国”，所以一定要“慎乎德”。

接着本节论述道德和财富的关系：道德是本，财富是末。所以国家应藏富于民。唐代孔颖达说：“此明治国之道在贵德贱财。有德之人人所附从，有人则境土宽大，有土则生殖万物，有财则有以供国用。德能致财，财由德有，故德为本，财为末。”（《礼记注疏》卷六十）

第三节，从“《康诰》曰”到“灾必逮夫身”。本节引用

《康诰》、《楚书》、舅犯语，论述应“以德为宝”。又引《尚书·秦誓》，论证“唯仁人为能爱人，能恶人”，在用人方面要亲贤、远佞。

第四节，从“是故君子有大道”到最后。论述君子要忠信，要重义轻利，“不以利为利，以义为利”。

本章是《大学》的最后一章。孔颖达说：“言欲平天下，先须修身，然后及物。自近至远，自内至外，故初明‘絜矩之道’，此明散财于人之事，次明用善人、远恶人。此皆治国、治天下之纲，故总而详说也。”朱熹总结说：“此章之义，务在与民同好恶而不专其利，皆推广絜矩之意也。能如是，则亲贤乐利各得其所，而天下平矣。”

朱熹并对十章传文做了总结：“凡传十章。前四章统论纲领旨趣，后六章细论条目工夫。其第五章乃明善之要；第六章乃诚身之本，在初学尤为当务之急，读者不可以其近而忽之也。”(《四书集注·大学章句》) 朱熹认为，传之五章“格物致知”传之六章“诚意正心”是关键。宋万人杰说：“致知”“诚意”是两个关。透得致知之关则“觉”，不然则“梦”；透得诚意之关则“善”，不然则“恶”。《朱子语类·大学二》：“致知、诚意以上工夫较省，逐旋开去，至于治国平天下，地步愈宽，却须要照顾得到。”可见，“格物致知”“诚意正心”两章实为重中之重，不可等闲视之。

原文

所谓平天下在治其国者，上老老[①]而民兴孝；上长长[②]而民兴弟[③]；上恤孤[④]而民不倍[⑤]。是以君子有絜矩之道[⑥]也。所恶于上，毋以使下；所恶于下，毋以事上；所恶于前，毋以先后[⑦]；所恶于后，毋以从前；所恶于右，毋以交于左；所恶于左，毋以交于右。此之谓絜矩之道。

《诗》[⑧]云："乐只君子[⑨]，民之父母。"民之所好好之，民之所恶恶之，此之谓民之父母。《诗》[⑩]云："节[⑪]彼南山，维石岩岩[⑫]。赫赫师尹[⑬]，民具尔瞻[⑭]。"有国者不可以不慎，辟[⑮]则为天下僇[⑯]矣。《诗》[⑰]云："殷之未丧师[⑱]，克配[⑲]上帝。仪监于殷[⑳]，峻命不易[㉑]。"道[㉒]得众则得国，失众则失国。是故君子先慎乎德。有德此[㉓]有人，有人此有土，有土此有财，有财此有用。德者，本也；财者，末也。外本内末，争民施夺[㉔]。是故财聚则民散，财散则民聚。是故言悖[㉕]而出者，亦悖而入；货悖而入者，亦悖而出。

《康诰》曰："惟命不于常[㉖]。"道[㉗]善则得之，不善则失之矣。《楚书》曰："楚国无以为宝，惟善以为宝。"舅犯[㉘]曰："亡人[㉙]无以为宝，仁亲[㉚]以为宝。"《秦誓》[㉛]曰："若有一个臣，断断[㉜]兮无他技，其心休休[㉝]焉，其如有容[㉞]焉。人之有技，若己有之。人之彦圣[㉟]，其心好之，不啻[㊱]若自其口出，寔能容之。以能保我子孙黎民，尚亦有利哉！人之有技，媢嫉[㊲]以恶之；人之彦圣，而违之俾不通[㊳]，寔不能容。以不能保我子孙黎民，亦曰殆矣！"唯仁人放流[㊴]之，迸诸四夷[㊵]，不与同中国[㊶]。此谓唯仁人为能爱人，能恶人。见贤而不能举，举而不能先，命[㊷]也。见不善而不能退，退而不能远，过也。好人之所恶，恶人之所好，是谓拂[㊸]人之性，灾必逮夫身[㊹]。

是故君子有大道：必忠信以得之，骄泰[㊺]以失之。生财有大道：生之者众，食之者寡，为之者疾[㊻]，用之者舒[㊼]，则财恒足矣。仁者以财发身[㊽]，不仁者以身发财。未有上好仁而下不好义者也，未有好义其事不终者也，未有府库财非其财者也。孟献子[49]曰："畜马乘，不察于鸡豚[50]；伐冰之家[51]，不畜牛羊；百乘之家[52]，不畜聚敛之臣[53]。与其有聚敛之臣，宁有盗臣[54]。"此谓国不以利为利，以义为利也。长国家[55]而务财用者，必自小人矣。彼为善之[56]，小人之使为国家，灾害并至。虽有善者，亦无如之何[57]矣！此谓国不以利为利，以义为利也。

注释

①老老：尊敬老人。朱熹注："老老，所谓老吾老也。"

②长长：尊重长辈。句法同"老老"。

③弟：同"悌"。

④恤孤：体恤孤儿。恤，怜悯、救助。孤，孤儿，幼而无父曰孤。

⑤倍：通"背"，背弃。

⑥絜矩之道：絜，读作 xié，量度。矩，画直角或方形用的尺子。朱熹注："絜，度也。矩，所以为方也。……君子必当因所同，推以度物，使彼我之间，各得分愿，则上下四旁，均齐方正。"大意是说，君子知道人的心理是相同的，所以能够推己及人，就好像用方尺量物，使上下四方一切事物都均齐方正。

⑦先后：前面人的行为施加给后面人。先，读作 xiàn，动词。

⑧《诗》：《诗经》。以下两句引文出自《诗经·小雅·南山有台》。

⑨乐：快乐。只：语助词。

⑩《诗》：《诗经》。以下四句引文出自《诗经·小雅·节南山》。

⑪节：高大。

⑫岩岩：险峻的样子。

⑬赫赫师尹：赫赫，显盛的样子。师尹：周太师尹氏。这里

的尹太师勾结小人，祸国乱政，是诗中谴责的对象。

⑭具：通“俱”，都。尔：你。瞻：瞻仰，仰望。

⑮辟：通“僻”，偏私。

⑯僇：读作lù，通“戮”，杀戮。

⑰《诗》：《诗经》。以下四句引文出自《诗经·大雅·文王》。

⑱丧师：失去民众。

⑲克配：能够匹配。

⑳仪：宜。监：鉴戒。

㉑峻命：大命。不易：不容易保守得住。

㉒道：言说。

㉓此：乃，才。

㉔争民施夺：朱熹注：“争斗其民，而施之以劫夺之教也。”意即，与民争利，教民劫夺。

㉕悖：逆，不合理。

㉖惟命不于常：惟，发语词。命，天命。这句大意是：天命是不常在的。

㉗道：言说。

㉘舅犯：狐偃，字子犯。晋文公重耳的舅舅，故又称舅犯。

㉙亡人：流亡的人，这里指重耳。

㉚仁亲：仁爱而相亲。

㉛《秦誓》：《尚书·周书》的一篇。

㉜断断：真诚的样子。

㉝休休：宽宏大量。

㉞有容：能够容人。

㉟彦圣：德才兼备。彦，美士。圣，明。

㊱不啻：不但。

㊲媢嫉：嫉妒。媢，读作 mào。

㊳违：阻抑。俾，读作 bǐ，使。

㊴放流：流放。

㊵迸：通“屏”，驱逐。四夷：中国古代对边疆少数民族的蔑称。

㊶中国：中原。

㊷命：朱熹注：“郑氏云：‘当作慢。’程子云：‘当作怠。’未详孰是。”本书姑且采纳郑氏之说。慢，轻慢之意。

㊸拂：逆，违背。

㊹逮：及，到。夫：读作 fú，助词。

㊺骄泰：骄横放纵。朱熹注：“骄者矜高，泰者侈肆。”

㊻疾：快。

㊼舒：舒缓。

㊽发身：修身。发，发起，发达。

㊾孟献子：鲁国大夫，姓仲孙，名蔑。

㊿畜：养。乘，读作 shèng，一车四马曰一乘。畜马乘：朱熹注：“士初试为大夫者也。”是士人初做大夫的待遇。察：关注。

(51)伐冰之家：丧礼时用冰的人家。这是卿大夫类官员的待遇。

(52)百乘之家：有百辆兵车的人家，指有封地的诸侯王。

(53)聚敛之臣：聚，聚集。敛，征收。聚敛之臣，搜刮钱财的家臣。

(54)盗臣：偷窃财物的家臣。

(55)长国家：长，读作 zhǎng。长国家，成为国家之首长。

(56)彼为善之：朱熹注：“此句上下，疑有阙文误字。”

(57)无如之何：没有办法。

译文

（“经一章”）中所说的“想要平定天下，先要治理好自己的国家”，说的是，在上位的人尊敬老人，人民就会兴起孝顺父母的风气；在上位的人尊重长辈，人民就会兴起尊重长者的风气；在上位的人体恤孤儿，人民也自然会跟着仿效，不会有所违背。所以君子有以身作则、推己及人的“絜矩之道”。如果处在上位的人的某种行为、态度是我所厌恶的，那么我就不会用这种行为、态度对待处在下位的人；如果处在下位的人的某种行为、态度是我所厌恶的，那么我就不会用这种行为、态度对待处在上位的人；如果处在前面的人的某种行为、态度是我所厌恶的，那么我就不会用这种行为、态度对待处在后面的人；如果处在后面的人的某种行为、态度是我所厌恶的，那么我就不会用这种行为、态度对待处在前面的人；如果处在右边的人的某种行为、态度是我所厌恶的，那么我就不会用这种行为、态度对待处在左边的人；如果处在左边的人的某种行为、态度是我所厌恶的，那么我就不会用这种行为、态度对待处在右边的人。这种以身作则、推己及人、己所不欲勿施于人的原则，就叫做“絜矩之道”。

《诗经·小雅·南山有台》说：“快乐的国君，是人民的父母。”人民喜爱的，他也喜爱；人民厌恶的，他也厌恶，这就叫做“人民的父母”。《诗经·小雅·节南山》说：“高大的南山，岩石巍峨险峻。显赫的尹太师啊，人们都在仰望你呢。”掌控国家的人不可以不谨慎，如果有所偏私的话，就会被天下人诛戮的。《诗经·大雅·文王》说：“殷朝还没有失去民心的时候，是能够和天帝之命相匹配的。应该以殷朝作为镜鉴啊，要守住天命不是件容易的事。”这就是说，得到民众的支持才能得到国家，失去民众的支持就失去了国家。所以，国君首先要重视自己的品德。有了道德，才能得到人民的拥护，有了人民的拥护，才能得到土地，有了土地，才能得到财富，有了财富，才能有所用度。道德是根本，财富是末节。如果本末倒置，重视末节而轻视根本的话，就会导致与民争利，教民劫夺。所以，聚敛财富就会导致民心涣散，散财于民才能使民心聚拢。所以，如果说出不讲道理的话，也会被回报以不讲道理的话；如果财货是有悖情理得来的，也会有悖情理地失去。

《康诰》说："天命是不常在的。"说的是，行善才能得到天命，不行善就会失去天命。《楚书》说："楚国没有什么可以当成宝贝的，只把善人当成宝贝。"舅犯说："流亡的人没有什么可以当成宝贝的，只把仁爱、相亲当成宝贝。"《秦誓》说："假如有一个大臣，诚恳忠贞，却没有其他的技能，但他宽宏大量，有容人之量。别人有什么技能，就好像他自己有一样。别人如果德才兼备，他就真心赞赏，不只是在嘴上说说，而且是真心实意地容纳他。用这样的人是可以保护我的子孙民众的，也是有利的啊！反之，如果别人有什么技能，他就嫉妒、厌恶人家；别人德才兼备，他就压制人家，使君主不能任用他，根本不能容人。用这样的人就不能保护我的子孙民众，而且很危险啊！"只有仁德之人，会放逐这些嫉贤妒能的人，把这些人赶到边远蛮荒的地方去，不让他们留在中原。这就是说，只有仁德之人能爱护好人，也能憎恨坏人。如果见到了贤能而不能举荐，举荐了又不能优先重用，这就是轻慢。见到了不善之人而不能罢免，罢免了又不能远远驱逐，这就是过错。喜爱众人所厌恶的，厌恶众人所喜爱的，这是违反人的本性，灾难一定会降临到自己的身上。

所以，国君有自己治国的法则：一定忠诚守信，以获取天下，如果骄横奢侈，就会失去天下。产生财富也有法则：从事生产的人多，而消耗财富的人少，生产财富的人勤奋，消耗财富的人节省，那么财富就能常常充足了。有仁德的人利用自己的财富，富裕百姓，从而提高自己的德行声望，而没有仁德的人不惜付出生命，聚敛财富。从来没有过在上位的人喜爱仁德，而在下位的人不喜爱忠义的，从来没有过喜爱忠义，而做事半途而废的，从来没有过国库里的钱财不属于国君的。孟献子说："四马拉车的大夫之家，是不会关注养鸡养猪的微利的；丧礼时用冰的卿大夫之家，是不会养牛羊来牟利的；有上百辆战车的诸侯之家，是不该收养搜刮民财的家臣的。与其有搜刮民财的家臣，还不如有偷盗自家财物的家臣呢。"这就是说，国家不应该把财物当成利益，而应该把道义作为利益。做了国家之主，还一心想聚敛财富，这一定是因为小人的诱导。使用小人为国家做事，一定会招致天灾人祸一起降临。这时即使有贤能的人，也没有办法了！这就是说，国家不应该以财物为利益，而应该以道义为利益。

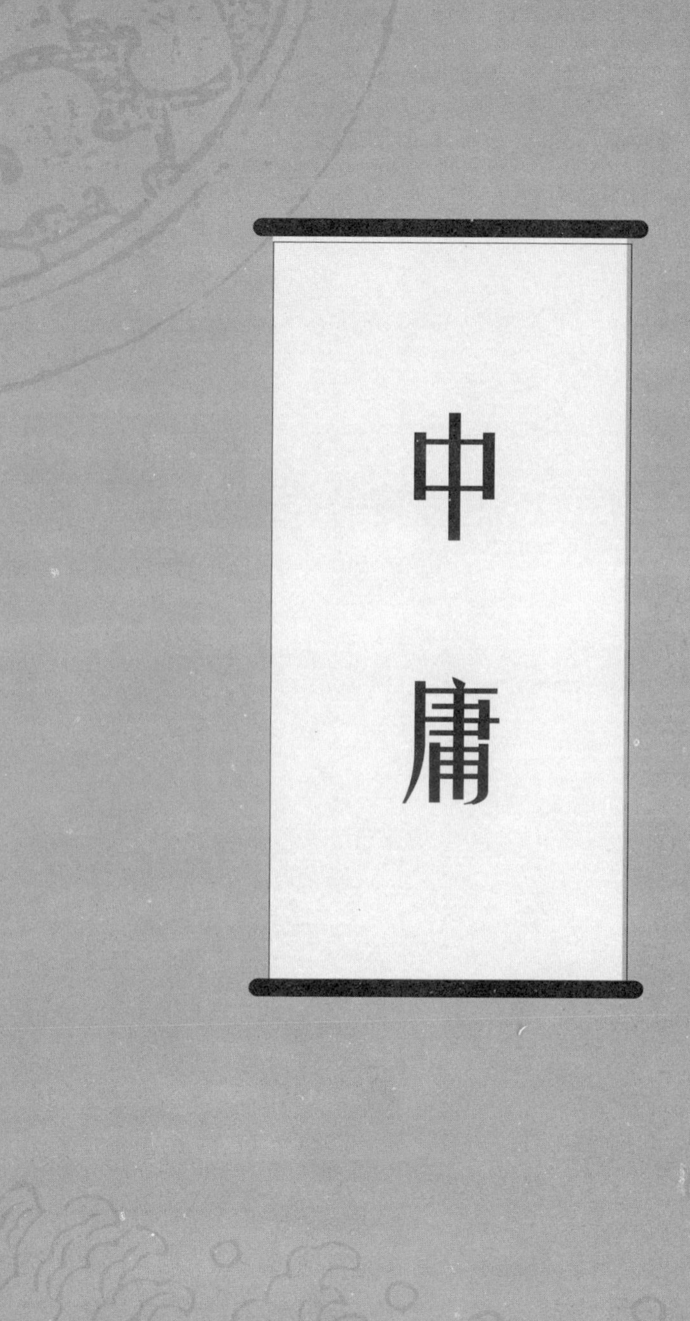

中庸

导　言

《中庸》的成书

《中庸》本为《小戴礼记》中的一篇。

西汉时，就已经有了解释《中庸》的著作，《汉书·艺文志》中录有《中庸说》二篇。南北朝时，梁武帝著有《中庸》讲义。由此可知，《中庸》单行较早。到了唐代，韩愈、李翱开始强调《中庸》的重要性，试图借此建立儒家道统。

宋代，由于理学家的提倡，《中庸》影响渐大。程颢、程颐兄弟认为“此篇乃孔门传授心法”，“放之则弥六合，卷之则退藏于密”。朱熹则作《中庸辑略》，并在此基础上作《中庸章句》，编入他的《四书章句集注》中。朱熹对《中庸》评价甚高，认为它“历选前圣之书，所以提挈纲维，开示蕴奥，未有若是之明且尽者也”（朱熹：《四书章句集注·中庸章句序》）。

宋代以前，各家对《中庸》的分章不一。唐《礼记正义》分其为三十六章，宋晁说之的《中庸传》分其为八十二章。朱熹则在其《中庸章句》中，将全篇文字划分为三十三章，这种划分在后世被普遍采纳。朱熹还将这三十三章分为三个部分：

第一部分，第一章到第十一章。“其首章子思推本先圣所传之意以立言，盖一篇之提要，而其下十章则引先圣之所尝言者以明之也。”第一章是《中庸》全篇的纲领，第二章到第十一章，是子思引孔子的话来阐明第一章之旨意。

第二部分，第十二章到第二十章。“至十二章又子思之言，而其下八章复以先圣之言明之也”。第十二章是枢纽，“申明首章道不可离之意也”。

第三部分，第二十一章到第三十三章。“二十一章以下至于卒章则又皆子思之言，反复推说，互相发明，以尽所传之意者也。”最后一章是《中庸》全篇的总结，“盖举一篇之要而约言之，其反复丁宁示人之意至深切矣”。

元仁宗皇庆二年（1313 年），朱熹所注的《四书》成为科举考试的官方教材：“汉人、南人第一场明经经疑二问，《大学》《论语》《孟子》《中庸》内出题，并用朱氏《章句》《集注》，复以己意结之”（《元史·选举一》）。从此以后，直到废除科举，朱熹所注解的《中庸》一直是中国读书人熟读成诵的经典。

《中庸》的作者

按传统的说法，《中庸》的作者是孔子的孙子子思（孔汲，前 483—前 402）。司马迁《史记·孔子世家》记载：“孔子生鲤，字伯鱼，伯鱼生汲，字子思，年六十二。尝困于宋，子思作《中庸》。”说的是：孔子生子孔鲤（伯鱼），孔鲤生子孔汲（子思），子思是《中庸》的作者。又有孔颖达《礼记正义》引郑玄《目录》：“名曰《中庸》者，以其记中和之为用也。庸，用也。孔子之孙子思汲作之。以昭明圣祖之德也。”

宋代朱熹也认为，《中庸》的作者是子思。他说：“此篇乃孔门传授心法，子思恐其久而差也，故笔之于书，以授孟子。其书始言一理，中散为万事，末复合为一理。”（《四书章句集注》）

但这一传统观点也不断遭受质疑。较早的有宋代欧阳修、叶适，较晚的则有清代袁枚、叶酉、俞樾等人。近现代哲学史家冯友兰认为："《中庸》中又有'载华岳而不重'之言，亦似非鲁人之语，且所论命、性、诚、明诸点，皆较《孟子》为详明，似就孟子之学说加以发挥者。则此篇又似秦汉时孟子一派之儒者所作。"（冯友兰：《中国哲学史》第447页，中华书局1961年）

由于众说纷纭，暂无定论，所以本译注采纳这样的观点：《中庸》一书的作者是子思，但是在流传过程中，经过了多人的修改与编订，到秦汉之际最后定型。

李春尧

2011年9月于中国人民大学

第一章

导读

本章是《中庸》全篇的总纲。朱熹说："子思述所传之意以立言。首明道之本原出于天而不可易，其实体备于己而不可离；次言存养省察之要；终言圣神功化之极。盖欲学者于此反求诸身而自得之，以去夫外诱之私，而充其本然之善，杨（时）氏所谓一篇之提要是也。其下十章，盖子思引夫子之言，以终此章之义。"本章可理解为三个层次：

（1）从"天命之谓性"到"可离非道也"，为第一层次。在这一层次中，作者提出了几个关键词：天、性、道、教。儒家经典中的"天"常有多种含义，可以解释为自然之天（形而下），也可以理解为伦理之天（形而上）。这里"天命之谓性"的天，既是形而下的，也是形而上的。天命，是上天赋予万物的禀赋。这种禀赋为人所承受，就成了"性"。程颢说："天道降而在人，故谓之性。性者，生生之所固有也。"（《二程集·中庸解》）本性不同，发展途径就不同，遵循天生的本性而动，就是"道"了。程颢说："循是而之焉，莫非道也。道之在人，有时与位之不同，必欲为法于后，不可不修。"（《二程集·中庸解》）修道，其实是修自己，使自己合乎道的要求，这就是教化。总的来说，这一层次阐释的是性、道、教三者关系：上天赋予人的禀赋叫做性，遵循人天生的本性而行动叫做道，修养人的行为，使之符合道的要求，这就叫做教。“道”，是无处不在，片刻不能离开的。

（2）从“是故君子戒慎乎其所不睹”到“故君子慎其独也”，是第二层次。说的是“戒慎”“恐惧”“隐”“显”“慎独”等存养省察功夫。

（3）从“喜怒哀乐之未发”到“万物育焉”，是第三层次。论述“中和”的功用，达到“中和”就能使天地万物各安其位、生生不息。有人认为，“中和”就是“中庸”的意思：“以性情言之，则曰中和；以德行言之，则曰中庸。”此说可供参考。

从第二章开始到十一章，共计十章，都是对本章内容的阐释：“子思引夫子之言，以终此篇之义。”

原文

天命之谓性①，率性之谓道②，修道之谓教③。道也者，不可须臾④离也，可离非道也。是故君子戒慎乎其所不睹⑤，恐惧乎其所不闻⑥。莫见⑦乎隐⑧，莫显乎微⑨，故君子慎其独⑩也。喜怒哀乐之未发，谓之中⑪；发而皆中节⑫，谓之和⑬。中也者，天下之大本也；和也者，天下之达道⑭也。致⑮中和，天地位⑯焉，万物育⑰焉。

注释

①命：赋予。性：人之本性。朱熹注：“命，犹令也。性，即理也。天以阴阳五行化生万物，气以成形，而理亦赋焉，犹命令也。于是人物之生，因各得其所赋之理，以为健顺五常之德，所谓性也。”天命之谓性，意即：上天赋予人的禀赋叫做性。

②率：遵循。道：路，引申为法则、规律。朱熹注：“率，循也。道，犹路也。人物各循其性之自然，则其日用事物之间，

莫不各有当行之路，是则所谓道也。”率性之谓道，意即：遵循人的天生的本性，行动自然能够符合自然的法则，这就是人生应该遵循的道。

③修：修明、节制。教：教化，包含礼、乐、刑、政等。朱熹注：“修，品节之也。性道虽同，而气禀或异，故不能无过不及之差。圣人因人物之所当行者，而品节之以为法于天下，则谓之教。若礼乐刑政之属是也。”修道之谓教，意即：修明、节制过与不及的行为，使之合乎自然之性与当然之道，这就叫做教化。

④须臾：片刻。

⑤不睹：看不见的地方。

⑥不闻：听不到的地方。

⑦见：通“现”，显现。

⑧隐：暗处。

⑨微：细微之事。

⑩独：独处。

⑪中：不偏不倚。朱熹注：“喜怒哀乐情也，其未发，则性也。无所偏倚，故谓之中。”

⑫中节：合乎法度。

⑬和：和谐，不乖戾。朱熹注：“发皆中节，情之正也。无所乖戾，故谓之和。”

⑭达道：朱熹注：“达道者，循性之谓，天下古今之所共由，道之用也。”意即普遍规律。

⑮致：推而极之，圆满达成。

⑯位：安于所处之位。

⑰育：生长发育。

译文

上天赋予人的禀赋叫做性，遵循人天生的本性而行动叫做道，修养人的行为，使之符合道的要求，这就叫做教。“道”这个东西，是人们不可以片刻离开的，可以离开的话就不是道了。所以，君子在别人看不见的地方也要警戒谨慎，在别人听不见的地方也要警惕畏惧。越是暗处，越是容易被发现。越是细微之事，越是容易显露出来。所以君子要在独自一人时保持谨慎。喜怒哀乐等情感没有表现出来的时候，叫做中；表现出来而又能合乎节度，就叫做和。中是天下的重要根本；和是天下的普遍规律。如果人能把中和的道理推而极之，达到圆满的状态，那么天地万物就各在其位，顺利生长繁衍了。

第二章

导读

从本章开始到第十一章，都是子思引用孔子的话来阐述第一章之意旨。

本章引孔子之言，论述了君子和小人对中庸的不同态度及其原因。君子坚持中庸，因为君子能“时中”；小人违反中庸，因为小人“无忌惮”。

本章提出一个重要概念：“时中。”所谓“时中”，简单说就是：随时处于中道。宋代卫湜引程颐说：“可以仕则仕，可以止则止，可以久则久，可以速则速，此皆时也，未尝不合中，故曰君子而时中。”引建安游氏曰：“君子之于中庸，自幼壮至于老死，自朝旦至于暮夜，所遇之时、所遭之事虽不同，其为中一也，故谓之时中，言行小变而不失其大常也。”（卫湜《礼记集说》卷一百二十三）

小人恰恰相反，肆无忌惮。因为，君子知天命，故能率性、修道；小人不知天命，故不知敬畏，无所不为。“无知者无畏”。

原文

仲尼[①]曰：“君子中庸[②]，小人反中庸。君子之中庸也，君子而时中[③]；小人之中庸也[④]，小人而无忌惮[⑤]也。”

注释

①仲尼：即孔子。孔丘，字仲尼。

②中庸：朱熹注："中庸者，不偏不倚，无过不及，而平常之理，乃天命所当然，精微之极徵也。"对"中""庸"二字的解释，历来众说纷纭。按照一般的说法，"中"意为不偏；而"庸"意为平常。如：北宋程颐将"庸"解释为"不易"，南宋朱熹将"庸"解释为"平常"。朱熹在《中庸章句》中认为："中者，不偏不倚、无过不及之名。庸，平常也。子程子曰：'不偏之谓中，不易之谓庸；中者天下之正道，庸者天下之定理。'"简言之，中庸就是不走极端、稳定不变的一种处世态度，它是儒家追求的最高德性。

③时中：随时处于中道。

④小人之中庸也：此处，王肃本作"小人之反中庸也"，程、朱从之。

⑤忌惮：顾忌、害怕。

译文

孔子说："君子的所作所为都能符合中庸的要求，而小人的所作所为都违反中庸的要求。君子能做到中庸，是因为君子随时都能处于中道；而小人违背中庸，是因为小人没什么害怕的，肆意妄为。"

第三章

导读

本章中，孔子称颂中庸是最高的德行，感慨现在人们很难做到。正因为中庸是最高的德行，所以人们是很难做到的。如果能随随便便就做到中庸，那么它也算不上什么最高的德行了。

在《论语·雍也》中有相似的话："中庸之为德也，其至矣乎！民鲜久矣。"宋代卫湜引仁寿李氏曰："理之极而不可加之谓至。"引建安游氏曰："德至于中庸，则全之尽之，不可以有加矣，故曰'其至矣乎'。"又引蓝田吕氏曰："人莫不能中庸，鲜能久而已。久则为贤人，不息则为圣人。"（卫湜《礼记集说》卷一百二十五）

原文

子[①]曰："中庸其至[②]矣乎！民鲜[③]能久矣！"

注释

①子：孔子。

②至：极点、顶点。

③鲜：读作 xiǎn。少的意思。

译文

孔子说："中庸可算是最高的德行了吧！可是人们很少能做到，这种情况已经很久了啊！"

第四章

导读

在上一章中，孔子感慨人们很难做到中庸。在这一章中，孔子试图解答中庸很难做到（不行、不明）的原因。因为人们要么太过，要么不及。

程颢说："此章言失中之害。必知所以然，然后道行；必可常行，然后道明。知之过，无征而不适用；不及，则卑陋不足为，是不行之因也。行之过，不与众共；不及，则无以异于众，是不明之因也。行之不著，习矣不察，是皆饮食而不知味者。如此而望道之行，难矣夫！"（《二程集·中庸解》）

原文

子[①]曰："道[②]之不行也，我知之矣：知[③]者过[④]之，愚者不及也。道之不明也，我知之矣：贤者过之，不肖者[⑤]不及也。人莫不饮食也，鲜能知味也。"

注释

①子：孔子。

②道：中庸之道。

③知：通"智"。知者，聪明的人。

④过：超过限度。

⑤不肖者：不贤的人。

译文

孔子说："中庸之道不能被实行，其原因我已经知道了：聪明的人自以为是，认识过了头，而愚蠢的人又不够聪明，理解不了它。中庸之道不能被彰明，其原因我已经知道了：贤能的人做得过分了，而不贤之人又做得不够。这就好像，人都要吃喝，但是很少有人能知道其中滋味的。"

第五章

导读

第二章到第四章分别论述了：小人反中庸；民鲜能中庸；民或过或不及，所以不能中庸。在本章中，孔子用猜测的口气提出：中庸之道大概不能实行了。

原文

子①曰："道其②不行矣夫③。"

注释

①子：孔子。

②其：表推测的语气助词。相当于"大概"。

③夫：语气词。表感叹。

译文

孔子说："中庸之道大概不能实行了吧。"

第六章

导读

在上一章中，孔子感慨中庸恐怕不能实行了。但是在这一章中，孔子以舜为例子，说明中庸之道之能行，以及何以能行。

本章先赞颂了舜的伟大，其后开始分析舜何以伟大。第一，他好问，又善于省察浅近的话；第二，他会“隐恶扬善”；第三，他能“执其两端，用其中于民”。能做到这些，差不多就达到中庸的要求了。

原文

子[①]曰：“舜[②]其大知[③]也与[④]！舜好问而好察迩言[⑤]，隐恶而扬善，执其两端[⑥]，用其中于民，其[⑦]斯[⑧]以为舜乎！”

注释

①子：孔子

②舜：中国古代传说中的圣君，是尧的继承人。名重华，史称虞舜。

③知：通“智”。

④与：通“欤”。语末助词，表感叹。

⑤迩言：朱熹注：“浅近之言。”

⑥两端：朱熹注：“两端，谓众论不同之极致。”郑玄谓：“两端，过与不及也。”译文采郑玄说。

⑦其：表推测的语气助词。相当于“大概”。

⑧斯：这。

译文

孔子说：“舜真是有大智慧啊！舜喜欢询问别人的意见，而且他善于分析、省察那些浅近的话，他把别人不好之处隐藏起来，却宣扬别人好的地方，他把众人观点中过与不及之处加以折中，取其中道来治理百姓，这大概就是舜之所以成为舜的原因吧！”

第七章

导读

本章用比兴的手法，阐述了人们由于受物欲的蒙蔽，所以难以实行中庸之道。

程颢说："此章辨惑。陷阱之可避，中庸之可守，人莫不知之，鲜能陷之，乌在其为知也欤?"（《二程集·中庸解》）

原文

子①曰："人皆曰'予②知③'，驱而纳④诸⑤罟⑥擭⑦陷阱之中，而莫之知辟⑧也。人皆曰'予知'，择乎中庸而不能期月⑨守也。"

注释

①子：孔子。

②予：我。

③知：通"智"。

④纳：纳入，落入。

⑤诸："之于"的合音。

⑥罟：读作gǔ，网。

⑦擭：读作huò，带机关的捕兽的木笼。

⑧辟：读作bì，躲避。

⑨期月：一整月。期，读作jī。

译文

孔子说："人人都说'我聪明'，可是被人驱赶掉入罗网、木笼或者陷阱之中，都不知道躲避。人人都说'我聪明'，可是他们选择了中庸之道，却连一个月的时间都坚持不下来。"

第八章

导读

本章赞扬颜回的为人，因为他能努力践行中庸之道。

宋代卫湜引吴兴沈氏曰："由乎中庸者，圣人也。择乎中庸者，贤人也。叛乎中庸者，众人也。"（卫湜《礼记集说》卷一百二十六）颜回就是"择乎中庸"的贤人。

原文

子[①]曰："回[②]之为人也，择乎中庸，得一善，则拳拳服膺[③]而弗[④]失之矣。"

注释

①子：孔子。

②回：颜回，孔子最器重的弟子。颜回英年早逝，使孔子伤心不已。

③拳拳服膺：朱熹注："拳拳，奉持之貌。服，犹著也。膺，胸也。奉持而著之心胸之间，言能守也。"意即，奉持牢记于心中。

④弗：不。

译文

孔子说："颜回的做人是这样的，他选择了中庸之道，得到了一条好的道理，就奉持牢记于心中，再也不让它失去。"

第九章

导读

本章论述中庸之难能。

“天下国家可均”，虽难，但智者可以做到；“爵禄可辞”，虽难，但仁者可以做到；“白刃可蹈”，虽难，但勇者可以做到。中庸却不一样。中庸看起来很容易，但智、仁、勇兼备的人也不一定能做到。

朱熹说：“三者亦知、仁、勇之事，天下之至难也。然不必其合于中庸，则质之近似者皆能以力为之。若中庸，则虽不必皆如三者之难，然非义精仁熟而无一毫人欲之私者，不能及也。三者难而易，中庸易而难，此民之所以鲜能也。”（《四书章句集注》）

原文

子①曰：“天下国家②可均③也，爵禄④可辞⑤也，白刃⑥可蹈⑦也，中庸不可能也。”

注释

①子：孔子。

②天下国家：天下，指天子辖下的所有土地。国家，指分封给诸侯的土地。

③均：平治，治理。

④爵禄：爵位和俸禄。

⑤辞：放弃。

⑥白刃：锋利的刀锋。

⑦蹈：踩、踏。

译文

孔子说："天下国家是可以治理的，爵位和俸禄是可以推辞的，锋利的刀刃是可以踩踏的，可是，中庸却是难以做到的啊。"

第十章

导读

在本章中，孔子和子路讨论了“强”的问题。

孔子认为，有所谓“南方之强”。南方之强，“宽柔以教，不报无道”，主张宽厚、柔顺，隐忍包容，接近老子所倡导的“柔弱”。孔子认为这是这种强“君子居之”。

“北方之强”则异于是。北方之强“衽金革，死而不厌”，刚猛勇武。孔子认为这种强“强者居之”。唐代孔颖达说：“南方谓荆扬之南，其地多阳。阳气舒散，人情宽缓和柔。和柔为君子之道，故云君子居之。北方沙漠之地，其地多阴。阴气坚集，故人性刚猛，恒好斗争，故以甲铠为席，寝宿于中，至死不厌，非君子所处，而强梁者居之。惟云南北不云东西者，南北互举，与东西俗同也。”（《礼记注疏》）

这两种“强”虽然都值得赞赏，但是孔子认为这两者都不是真正的强。孔子最赞赏的是合乎中庸精神的强。这种强能使人“和而不流”“中立而不倚”，“国有道，不变塞”，“国无道，至死不变”。这种强才是真的强。相比而言，“南方之强”似显不及，“北方之强”则犹有过之，两者都有失中道。

在这一段讨论中，孔子并没有直接给子路明确的答案，而是采用启发的方式，让子路自己去体会什么是真正的“强”。看起来，孔子好像更倾向“南方之强”，其实不然。只是因为子路好勇斗狠，所以孔子会暗示他多去关注“南方之强”，这并不一定意味着孔子对南方之强的绝对认同。在孔子心中，真正的强一定是合乎中庸的精神，过犹不及，二者皆不可取。

在这一段中，我们可以充分领略到孔子的教育艺术。有兴趣的读者可以对比苏格拉底的“助产术”和佛教禅师的“绕路说禅”。

原文

子路[①]问强。子[②]曰：“南方之强与？北方之强与？抑[③]而[④]强与？宽柔以教[⑤]，不报无道[⑥]，南方之强也，君子居之。衽[⑦]金革[⑧]，死而不厌[⑨]，北方之强也，而强者居之。故君子和而不流[⑩]，强哉矫[⑪]！中立而不倚[⑫]，强哉矫！国有道，不变塞[⑬]焉，强哉矫！国无道，至死不变，强哉矫！”

注释

①子路：即仲由，孔子弟子。

②子：孔子。

③抑：选择性连词，相当于“还是”。

④而：你。

⑤宽柔以教：朱熹注：“谓含容巽顺，以诲人之不及也。”

⑥不报无道：朱熹注：“谓横逆之来，直受之而不报也。”报：报复。无道：无理之人。

⑦衽：读作rèn，卧席。这里作动词，躺卧之意。

⑧金革：铁制的兵器、皮革制的甲盾。

⑨死而不厌：死了也在所不惜。

⑩和而不流：与人和谐相处，但又不随波逐流。

⑪矫：坚强的样子。

⑫中立而不倚：守住中庸之道而不偏不倚。

⑬塞：朱熹注：“未达也。谓未达时之所守。”不变塞：意即不改变志向。

译文

子路问孔子什么是强。孔子说：“你问的是南方人的强呢？北方人的强呢？还是你认为的强呢？用宽厚柔顺的精神教育人，别人不讲道理也不报复，这是南方人的强，君子安于此道。睡卧在兵器和甲胄之上，死了也在所不惜，这是北方人的强，勇武的人安于此道。所以，君子与人和谐相处，但又不随波逐流，这才是真的强啊！守住中庸之道而不偏不倚，这才是真的强啊！国家政治清明的时候，不改变自己的志向，这才是真的强啊！国家政治黑暗的时候，坚持自己的气节到死不变，这才是真的强啊！”

第十一章

导读

本章谈论了三种人。

第一种人，“素（索）隐行怪”，不愿忍受“十年寒窗无人问”，追求“一朝成名天下知”。对这种人，孔子是持否定态度的。

第二种人，虽“遵道而行”，但“半途而废”。对这种人，孔子也是不赞成的。这两种人，第一种“过”，第二种“不及”，都不符合中庸的精神。

第三种人，“依乎中庸”，虽然默默无闻但却不后悔。孔子认为这种人可称得上是“圣者”。前两种人分属“过”“不及”，只有第三种人坚守中庸，这才是孔子赞赏的。

从第二章到本章共计十章，这十章均围绕第一章的主旨，展开论述了中庸之道的各个方面。从第十二章到第二十章共计九章，是《中庸》的第二部分。第二部分将阐发“道不可离”之义。

原文

子①曰：“素隐②行怪，后世有述③焉，吾弗④为之矣。君子遵道而行，半途而废，吾弗能已⑤矣。君子依乎中庸，遁世⑥不见⑦知而不悔，唯圣者能之。”

注释

①子：孔子。

②素隐：据《汉书》，“素”当为“索”。索隐，意即追求隐僻生活。

③述：记述、称赞。

④弗：不。

⑤已：停止。

⑥遁世：隐居。

⑦见：被。

译文

孔子说：“追求隐僻生活，行为怪诞，后世有人记载、称赞他，我是不会这样做的。有些君子按照中庸之道去做，但是半途而废，可是我是不会停止的。君子遵循中庸之道而行，即使是避世隐居而不为人所知，他也不会后悔，这只有圣人才能做到。”

第十二章

导读

本章是《中庸》第二部分的第一章，是“子思之言，盖以申明首章道不可离之意也”。从本章开始，下至第二十章，“杂引孔子之言以明之”，论述的重点是“道不可离”。

本章的中心论点就是首句：“君子之道费而隐”，以下诸句都是对这个命题的展开讨论。“费”“隐”二字贯穿全章。所谓“费而隐”，按照朱熹的理解：“费，用之广也；隐，体之微也”（《四书集注·中庸章句》）。宋董铢说：“费，道之用也；隐，道之体也。用则理之见于日用，无不可见也。体则理之隐于其内，形而上者之事，固有非视听之所及者。”（《朱子语类·中庸二》）也就是说：道，有其用，有其体。道之用广，这就是所谓“费”；道之体微，这就是所谓“隐”。形而下者为费，形而上者为隐。所以，本章的重点就是说：君子所坚守的道（中庸之道），它的用处很广，但是却又精微难见。接下来，本章就对这个论点作了展开讨论。

本章拿“夫妇”和“圣人”作了对比：匹夫匹妇虽然“愚”“不肖”，但是却能知“道”、行“道”，这说的是道之“费”，即是道“用处很广”的一面。而圣人虽然比匹夫匹妇高明许多，但是有时却也不能知“道”、行“道”，这说的是道之“隐”，即是道“精微难见”的一面。宋代卫湜引横渠张载说：“君子之道费而隐。费，日用。隐，不知也。匹夫匹妇可以与知与行，是人之所常用，故曰费。及其至也，虽圣人有所不知不能，是隐也。”(卫湜《礼记集说》卷一百二十七)

“天地之大也，人犹有所憾。”程颢说：“天地之大，亦有所不能，故人犹有憾，况圣人乎?”朱熹说：“憾谓人所憾于天地，如覆载生成之偏，及寒暑灾祥之不得其正者。”总之，即使是圣人，也是有局限性的，也是有所不能的，也未必能体会道的精微之处。所以要说君子之道的“大”，那是大到了极处，没有什么可以承载它。程颢说：“天地之大犹有憾，语大者也。有憾于天地，则大于天地矣，此所以天下莫能载。”要说到君子之道的“小”，那也是小到了极处，小到不可再分割。程颢说：“愚不肖之夫妇所常行，语小者也。愚不肖所常行，虽圣人亦有不可废，此所谓天下莫能破。上至乎天地所不能，下至于愚不肖之所能，则至道备矣。”(《二程集·中庸解》)说“大”是指道“费”的一面，说“小”是指道“隐”的一面。卫湜引宣城奚氏曰：“语大天下莫能载者，言道之费也。语小天下莫能破者，言道之隐也。盖将自其费者而言之，则其用广，天下莫有能具载之者。自其隐者而言之，则其体微，天下莫能破之者。所以赞其费隐之盛也。”(卫湜《礼记集说》卷一百二十七)

接下来本章引用了《诗经》，借以比喻君子的道，就像鹰飞鱼跃一样，从上到下都显明昭著。这里举鹰飞、鱼跃为例，是从物的角度来论述道的广大；而上文举夫妇、圣人为例，则是从人的角度来论述道的广大。

本章最后做了总结，重申君子之道是精微而又无处不在的。它开始于夫妇，因为夫妇是最亲密的人伦关系，“造端乎夫妇，极其尽小而言也”；而最终明察于天地，“察乎天地，极其远大而言之也。”(赵顺孙：《中庸纂疏》)“自夫妇之能，至察乎天下，

则常道尽矣。”（《二程集·中庸解》）

原文

君子之道费而隐[①]。夫妇[②]之愚，可以与[③]知焉，及其至[④]也，虽圣人亦有所不知焉。夫妇之不肖，可以能行焉，及其至也，虽圣人亦有所不能焉。天地之大也，人犹有所憾[⑤]。故君子语大，天下莫能载焉；语小，天下莫能破[⑥]焉。《诗》[⑦]云："鸢[⑧]飞戾[⑨]天，鱼跃于渊[⑩]。"言其上下察[⑪]也。君子之道，造端[⑫]乎夫妇，及其至也，察乎天地。

注释

①费而隐：朱熹注："费，用之广也。隐，体之微也。"

②夫妇：指普通男女。

③与：读作 yù，参与。

④至：极点。

⑤憾：遗憾，不满。

⑥破：分开。

⑦《诗》：《诗经》。以下两句引文出自《诗经·大雅·旱麓》。

⑧鸢：读作 yuān，一种类似于鹰的鸟类猛禽。

⑨戾：读作 lì，到达。

⑩渊：深水。

⑪察：明显。

⑫造端：开始。

译文

君子坚持的道，用处很广，但又精微难见。这个道，没有知识的愚夫愚妇也是可以知晓的，但是讲到最精妙之处，却是连圣人也有所不知的。愚夫愚妇虽然不贤明，但也可以实行君子之道的，但是最精妙之处，却是连圣人也做不到的。天地是这样广阔，可是人对它还是有所不满。所以君子之道，要说它大，天下没有什么可以承载它；要说它小，天下没有人能分割它。《诗经·大雅·旱麓》说："鹞鹰飞到了天际，鱼儿跃入了深渊。"说的是，君子之道和鹰飞鱼跃一样，由上到下都显明昭著。君子之道是从普通男女的日常生活开始的，但是到了最精妙之处，就能明察天地间的一切事物。

第十三章

导读

本章可分三节来理解。

第一节，孔子指出，道是不会远离人的。为了说明这个道理，孔子引用了《诗经》的句子："伐柯伐柯，其则不远。"大意是说：握着斧柄去砍削新斧柄，样板就在自己手上。孔子试图说明：其实道就在我们身边，可是由于我们总想往别处找，所以就觉得道离我们很远了。正因为道就在我们身边，所以君子应该"以人治人"：以人固有之道来治理人，能改正错误就行了。

第二节，孔子提出了"忠恕"二字，认为"忠恕"离"中庸"不远，能做到忠恕就差不多能达到中庸了。忠恕的具体要求就是：己所不欲勿施于人。

第三节，孔子提出有四条"君子之道"：孝（子以事父）、忠（臣以事君）、悌（弟以事兄）、信（朋友先施之）。孔子说，这四条君子之道他一条也没有做到，这是他的自谦之词。最后，孔子勉励人们：平常的道德要尽力实践，平常的话语要力求谨慎，努力做到言行一致。

原文

子[①]曰："道不远人。人之为道而远人，不可以为道。《诗》[②]云：'伐柯[③]伐柯，其则[④]不远。'执柯以伐柯，睨[⑤]而视之，犹以为远。故君子以人治人[⑥]，改而止。"

“忠恕[7]违道[8]不远，施诸己而不愿，亦勿施于人。”

“君子之道四，丘未能一焉：所求乎子以事父，未能也；所求乎臣以事君，未能也；所求乎弟以事兄，未能也；所求乎朋友先施之，未能也。庸德[9]之行，庸言[10]之谨，有所不足，不敢不勉，有余不敢尽。言顾行，行顾言，君子胡[11]不慥慥[12]尔？”

注释

①子：孔子。

②《诗》：《诗经》。以下两句引文出自《诗经·豳风·伐柯》。

③伐柯：砍削斧柄。柯：斧柄。

④则：法则，样板。

⑤睨：读作 nì。斜视。

⑥以人治人：以人固有之道来治理人。朱熹注：“若以人治人，则所以为人之道各在当人之身，初无彼此之别。故君子之治人也，即以其人之道，还治其人之身。其人能改，即止不治。”

⑦忠恕：朱熹注：“尽己之心为忠，推己及人为恕。”

⑧违道：离道。违：离，去。

⑨庸德：平常的道德。

⑩庸言：平常的语言。

⑪胡：怎么。

⑫慥慥：读作 zào。忠厚老实的样子。

译文

孔子说：“道是离人不远的。如果有人实行道却离开了人，那是不可能实行道的。《诗经·豳风·伐柯》说：‘砍削斧柄啊砍削斧柄，斧柄的样板就在眼前。’拿着斧柄来砍木头做新斧柄，

（似乎不应该有什么差异，）斜着眼睛看，还是觉得差异很大。所以，君子按照人固有之道来治理人，只要他能改正错误就行了。”

“如果能做到尽己之心、推己及人的话，那么这就离中庸之道不远了，如果不愿意别人把某事施加在自己身上，那么也不要把这事施加在别人身上。”

“君子所奉行的道有四件事，我孔丘一件也做不到：我要求儿子为父亲做的那些事情，我自己却没能做到；我要求臣子为君主做的那些事情，我自己却没能做到；我要求弟弟为哥哥做的那些事情，我自己却没能做到；我要求做朋友的应该先做的那些事情，我自己却没能做到。平常的道德尽力实践，平常的话语力求谨慎，这些事还做得不够，不敢不勉力去做，多余的话不敢全讲出来。说话时要顾及到自己所做的，做事时要顾及到自己所说的，这样的君子怎么能不忠厚诚实呢？”

第十四章

导读

本章论述重点是“素其位”，意即，安守自己的位置。

“素其位”分述为四个方面：素富贵、素贫贱、素夷狄、素患难。不管处于什么情况，君子都应该是安然自得的。而且，君子能端正自己，又不苛求别人。小人则不能素位而行，而是带着侥幸心理，冒险钻营。在本章最后，引用孔子的比喻做了总结：做君子就像射箭一样，如果射不中，一定要在自己身上找原因。

原文

君子素其位而行①，不愿②乎其外。素富贵，行乎富贵；素贫贱，行乎贫贱；素夷狄③，行乎夷狄；素患难，行乎患难。君子无入④而不自得焉。在上位，不陵⑤下；在下位，不援⑥上。正己而不求于人，则无怨。上不怨天，下不尤⑦人。故君子居易以俟命⑧，小人行险以徼幸⑨。子曰：“射⑩有似乎君子，失诸正鹄⑪，反求诸其身。”

注释

①素其位而行：朱熹注：“素，犹见在也。言君子但因见在所居之位，而为其所当为。”意即，在什么样的位置，就做什么样的事情。素：平素、现在，做动词。

②愿：羡慕。

③夷狄：中国古代对周边少数民族的蔑称。

④无入：无论处在什么情况下。

⑤陵：欺侮。

⑥援：抓住东西向上爬，这里为投靠、攀附之意。

⑦尤：归咎，抱怨。

⑧居易以俟命：朱熹注："易，去声，平地也。居易，素位而行也。俟命，不愿乎外也。"意即，安于现在的位置，等待天命。俟，等待。

⑨徼幸：朱熹注："徼，求也。幸，谓所不当得而得者。"意即，追求分外的利益。

⑩射：射箭。

⑪正鹄：鹄，读作gǔ。朱熹注："画布曰正，栖皮曰鹄，皆侯之中，射之的也。"失诸正鹄，就是没有射中靶子。

译文

君子安于自己的地位，做应该做的事，不羡慕本分以外的事情。处于富贵的地位，就做富贵人该做的事。处于贫贱的地位，就做贫贱人该做的事。处于夷狄的地位，就做夷狄该做的事。处于患难之中，就做在患难之中该做的事。君子无论在什么情况下都是安然自得的。在上位，不欺侮处在下位的人；在下位，不攀附处在上位的人。端正自己而又不苛求别人，这样就不会有什么抱怨了。上不抱怨老天，下不归咎他人。所以，君子安于自己现在的位置，等待天命，而小人冒险行动，去追求分外的利益。孔子说："君子的做人之道就像射箭一样，如果没有射中靶子，就要回过头来在自己身上找原因。"

第十五章

导读

本章引用了《诗经》和孔子的话，论述中庸之道要从身边做起。要先做好“齐家”的工作，处理好夫妻、兄弟关系，孝顺父母。这是实践中庸之道的开始。

朱熹说：“人能和于妻子、宜于兄弟如此，则父母其安乐之矣。子思引《诗》及此语，以明行远自迩、登高自卑之意。”（《四书集注·中庸》）君子之道的实践，就是这样开始的。

原文

君子之道，辟①如行远必自迩②，辟如登高必自卑③。《诗》④曰：“妻子好合⑤，如鼓⑥瑟琴。兄弟既翕⑦，和乐且耽⑧。宜⑨尔室家，乐尔妻帑⑩。”子曰：“父母其顺⑪矣乎！”

注释

①辟：通“譬”。

②迩：近。

③卑：低。

④《诗》：《诗经》。以下引文出自《诗经·小雅·常棣》。

⑤好合：和睦。

⑥鼓：弹奏。

⑦翕：读作 xī，融洽。

⑧耽：安乐。

⑨宜：安。

⑩帑：通“孥”，读作 nú。儿子。

⑪顺：舒畅安乐。

译文

君子实行中庸之道，就好像走远路，必须要从近处开始；就好像登高，必须要从低处开始。《诗经·小雅·常棣》说：“妻子儿女感情和睦，好像弹奏琴瑟一样和谐。兄弟关系融洽，安详快乐。使你的家庭美满，使你的妻儿快乐。”孔子说：“父母应该称心如意了吧！”

第十六章

导读

本章以鬼神喻道。鬼神视之弗见，听之弗闻，比喻道之“隐”；但又使人“齐明盛服，以承祭祀”，比喻道之“费”。唐代孔颖达说：“此一节明鬼神之道，无形而能显著诚信。中庸之道与鬼神之道相似，亦从微至著，不言而自诚也。”（《礼记注疏》）

原文

子①曰：“鬼神之为德②，其盛矣乎！视之而弗见，听之而弗闻，体物而不可遗③。使天下之人，齐明盛服④，以承祭祀，洋洋⑤乎！如在其上，如在其左右。《诗》⑥曰：‘神之格⑦思⑧，不可度⑨思，矧⑩可射⑪思。’夫微之显⑫，诚⑬之不可掩⑭如此夫！”

注释

①子：孔子。

②为德：朱熹注：“犹言性情功效。”

③体物而不可遗：朱熹注：“鬼神无形与身，然物之终始，莫非阴阳合散之所为，是其为物之体，而物所不能遗也。”大意是，鬼神虽然没有形象，但是它体现在万物之中，无所遗漏。

④齐明盛服：齐，通“斋”，斋戒。明，洁净。盛服，盛装。

⑤洋洋：朱熹注："洋洋，流动充满之意。"

⑥《诗》：《诗经》。以下的引文出自《诗经·大雅·抑》。

⑦格：来。

⑧思：语气词。

⑨度：读作 duó，揣度。

⑩矧：读作 shěn，况且。

⑪射：读作 yì，厌倦。

⑫微之显：指鬼神之事既隐微又显著。

⑬诚：朱熹注："诚者，真实无妄之谓。"

⑭掩：掩盖。

译文

孔子说："鬼神的性情功效，真是大得很啊！看它却看不见，听它也听不见，可是它却体现在万物之中，无所遗漏。它使天下的人，斋戒洁净，穿着盛装，来祭祀它，这时到处都充满流动着鬼神的灵气，好像就在人们的头上，又好像就在人们的身边左右。《诗经·大雅·抑》说：'神的来临，不可测度，怎么能怠慢不敬呢？'鬼神之事是隐微的，但又如此显著，这是这样的真实无妄，不可掩盖啊！"

第十七章

导读

本章以舜"大德者必受命"为例，说明中庸之道的功用。可理解为三个层次：

第一，赞美舜的"大孝"。舜"德为圣人"，"尊为天子"，富有四海，死后有子孙祭祀，并继承他的遗志。这些都是因为他掌握了"中庸之道"。有了这样的大德，就可以得到：位、禄、名、寿。

第二，孔子指出，上天生育万物，但并不一概扶植。而是"因其材"，或培养，或倾覆。这提醒我们要顺应天命，努力提高自己，实践中庸之道。

第三，本章引用了《诗经》，再次强调中庸之道的功用。如果努力践行中庸之道，上天一定会保佑他，赐予他福禄。所以说，有大德的人一定会得到天命的眷顾的。

原文

子[①]曰："舜其大孝也与！德为圣人，尊为天子，富有四海之内，宗庙[②]飨[③]之，子孙保之。故大德必得其位，必得其禄，必得其名，必得其寿。故天之生物，必因其材[④]而笃[⑤]焉。故栽[⑥]者培[⑦]之，倾者覆[⑧]之。《诗》[⑨]曰：'嘉乐君子，宪宪[⑩]令德[⑪]。宜民宜人，受禄于天。保佑命之，自天申[⑫]之。'故大德者必受命[⑬]。"

注释

①子：孔子。

②宗庙：古代天子、诸侯祭祀祖先的宫室。

③飨：读作 xiǎng，一种祭祀形式。

④材：资质。

⑤笃：厚。

⑥栽：种植。

⑦培：培养。

⑧覆：推倒。

⑨《诗》：《诗经》。以下引文出自《诗经·大雅·假乐》。

⑩宪宪：朱熹注："宪当依诗作显。"显显：光明的样子。

⑪令德：美德。

⑫申：重复，一再。

⑬受命：朱熹注："受命者，受天命为天子也。"

译文

孔子说："舜可算是大孝之人吧！论德行他是圣人，论尊贵他是天子，他拥有天下所有的财富，他的后代在宗庙里祭祀他，他的子孙保持着他的事业。所以有大德的人，必定得到他应得的地位，必定得到他应得的财富，必定得到他应得的名声，必定得到他应得的寿命。所以上天生育万物，一定会根据它们的资质而厚待它们。所以能栽种的就培养它，要倾倒的就让它倒下。《诗经·大雅·假乐》说：'高尚优雅的君子，有光明美好的德行。他使人民安居乐业，承受了上天赐予的福禄。上天保佑他，给他重大的使命，上天一再把福禄赐给他。'所以有大德的人一定会承受天命。"

第十八章

导读

上一章论述了舜之“大孝”，本章论述文、武、周公之功德。

首先说文王的功德。孔子认为文王“无忧”，他有王季做他的父亲，武王做他的儿子，“父作之，子述之”。

其次说武王的功德。武王继承祖先的传统，以武力推翻商纣暴政，一举夺取天下。但是他没有失去名声，还得到了尊位、富贵，获得了子孙的祭祀。

再次说周公的功德。周公继承了武王的功业，做了两件大事：一是追加祖先的王号；二是用天子的礼节祭祀大王以前的祖先。

本章的最后探讨了一些礼制的问题。关于礼制的细节，今天的读者未必要做太多的理解，但是我们需要把握礼制的精神。本章中所讨论的，主要是祭祀之礼和丧礼，这些礼仪在古代是团结家庭、维护国家的纽带，尤其是丧礼，对推行、实践孝道有着重要的作用。今天的读者可以不了解古代礼制的细节，但是对古代礼制的作用绝不可等闲视之。

原文

子[①]曰：“无忧者，其惟文王[②]乎！以王季[③]为父，以武王[④]为子；父作之[⑤]，子述之[⑥]。武王缵[⑦]大王[⑧]、王季、文王之绪[⑨]，壹戎衣[⑩]而有天下。身不失天下之显名，尊为天子，富有四海之内，宗庙飨之，子孙保之。武王末[11]受命，周公[12]成文、武之德[13]，追王[14]大王、王季，上祀先公[15]以天子之礼。斯礼也，达乎诸侯大夫，及士庶人。父为大夫，子为士，葬以大夫，祭以士。父为士，子为大夫，葬以士，祭以大夫。期之丧[16]，达乎大夫。三年之丧，达乎天子。父母之丧，无贵贱，一也。"

注释

①子：孔子。

②文王：周文王，姓姬，名昌，周武王之父。

③王季：周文王的父亲。名季历。周武王即位后，追尊为王季。

④武王：周武王，姓姬，名发。

⑤父作之：指父亲王季开创基业。作，创业。

⑥子述之：指儿子武王继承事业。述，继承。

⑦缵：读作 zuǎn。继续。

⑧大王：大，读作 tài。大王是王季的父亲古公亶父。

⑨绪：事业。

⑩壹戎衣：一著戎衣以灭纣。

⑪末：晚年。

⑫周公：周武王的弟弟，姓姬，名旦。武王死后，周公摄政，辅佐成王。

⑬成文、武之德：成就了文王、武王的德业。

⑭追王：王，读作 wàng。朱熹注："追王，盖推文武之意，以及乎王迹之所起也。"意即，追加大王、王季的王号。

⑮先公：大王以上的祖先。

⑯期之丧：一年的守丧之期。期，读作 jī，期年，即一周年。

译文

孔子说："没有忧愁的人大概只有文王吧！他有王季这样的父亲，有武王这样的儿子；父亲王季为他开创基业，儿子武王继承他的事业。武王继续了大王、王季和文王的事业，身着战袍讨伐纣王，夺取了天下。他自身没有失掉显扬天下的名声，成为尊贵的天子，拥有天下的财富，后代在宗庙里祭祀他，子孙保持着他的事业。武王晚年才受天命做了天子，到了周公才成就了文王、武王的德业，追加了大王、王季的王号，又用天子的礼节祭祀大王以前的祖先。这种礼节，从诸侯、大夫，一直适用到士人、百姓。如果父亲是大夫，儿子是士，那么父亲死后就用大夫礼安葬，用士礼祭祀。如果父亲是士，儿子是大夫，那么父亲死后就用士礼安葬，用大夫礼祭祀。服丧一年的丧制，从百姓通行到大夫。服丧三年的丧制，从百姓通行到天子。为父母服丧，无论身份的贵贱，服期都是一样的。"

第十九章

导读

本章承接上一章，赞颂武王、周公之孝。孝，就是能继承先人的遗志，继承先人未竟的事业。

本章还重点讨论了祭祀与宗庙之礼，具体涉及古代礼制的很多细节。这些细节我们今天看起来非常繁琐，但是在当时有其重要意义。它“事死如事生，事亡如事存”，是孝的极致。郊社之礼、宗庙之礼在治国中更是起到重大作用。一旦明白了各种祭祀的意义，治理国家就非常清楚容易了。

原文

子[①]曰：“武王、周公，其达孝[②]矣乎！夫孝者：善继人之志，善述人之事者也。春秋[③]修其祖庙，陈[④]其宗器[⑤]，设其裳衣[⑥]，荐其时食[⑦]。宗庙之礼，所以序昭穆[⑧]也；序爵[⑨]，所以辨贵贱也；序事[⑩]，所以辨贤也；旅酬[⑪]下为上，所以逮贱[⑫]也；燕毛[⑬]，所以序齿也。践其位，行其礼，奏其乐，敬其所尊，爱其所亲，事死如事生，事亡如事存，孝之至也。郊社[⑭]之礼，所以事上帝也。宗庙之礼，所以祀乎其先也。明乎郊社之礼、禘尝[⑮]之义，治国其如示诸掌[⑯]乎！”

注释

①子：孔子。

②达孝：天下人都认为他们孝。达，通。

③春秋：这里指祭祀祖先的时节。

④陈：陈列。

⑤宗器：朱熹注："宗器，先世所藏之重器。若周之赤刀、大训、天球、河图之属也。"

⑥裳衣：先祖遗留的衣服。

⑦荐其时食：进献时令食品。荐，献。

⑧昭穆：宗庙中神主排列的次序。始祖居中，以下父为昭，子为穆，昭居左，穆居右。

⑨序爵：按爵位高低排序。

⑩序事：排列祭祀时的职事。

⑪旅酬：朱熹注："旅，众也。酬，导饮也。旅酬之礼，宾弟子兄弟之子各举觯于其长而众相酬。"意即，众人举杯劝酒。

⑫逮贱：祖先的恩惠下达到卑贱者。

⑬燕毛：朱熹注："燕毛，祭毕而燕，则以毛发之色别长幼为坐次也。"燕，通"宴"。燕毛，意即，宴饮时按照毛发的颜色区分长幼次序。

⑭郊社：郊，祭天；社，祭地。

⑮禘尝：禘，读作 dì，天子宗庙之大祭。尝，秋祭。

⑯示诸掌：看放在手掌上的东西，指容易看见。示，通"视"。

译文

孔子说："武王和周公，天下人都认为他们孝吧！所谓孝，就是说：善于继承先人的遗志，善于继承先人未竟的事业。春秋祭祀的时候，修整好祖庙，陈列祖先所藏的重要器物，陈设祖先遗留的衣物，进献应时的食品。宗庙祭祀的礼节，是用以排列左昭右穆的次序的；按爵位排列次序，是用以辨别身份的贵贱的；

排列各职事的次序，是用以辨别子孙才能的高下的；大家举杯劝酒时，晚辈向长辈敬酒，是用以显示祖先的恩惠下达到地位卑贱者的；祭祀后宴饮的时候，按照毛发的颜色来排列座次，是用以区分长幼次序的。站在排好的位置上，举行先王留下的祭礼，演奏先王留下的音乐，尊敬先王所尊敬的人，爱护先王所爱护的子孙臣民，侍奉死者如同侍奉生者一样，侍奉逝去的如同侍奉现存的一样，这就是孝的极致。祭祀天地的礼节，是用来侍奉上帝的。祭祀宗庙的礼节，是用来祭祀自己祖先的。如果明白了祭祀天地的礼节，和天子宗庙大祭、秋祭等祭祀的意义，那么，治理国家就非常清楚容易，好像看手掌上的东西一样。”

第二十章

导读

本章篇幅很长，试分成七节来解说。

第一节，孔子向哀公阐述了自己的政治观点。孔子首先提出了“人存政举，人亡政息”的观点，随即指出“为政在人”：处理好政事在于用什么样的人。政治的关键在于人才，而得到人才在于修养自身，修养自身在于遵循中庸之道，遵循中庸之道在于以仁为本。接下来，孔子又开始阐述仁、义、礼三者之间的关系。孔子认为，仁是由亲及疏的，所以“亲亲”为本；而义则以“尊贤”为大；亲亲、尊贤，又皆为礼所生。所以综上所述，君子要治国，就必须修身，要修身就必须事亲，事亲就要知人，知人就要知天。朱熹解释其间的关系说：“为政在人，取人以身，故不可以不修身。修身以道，修道以仁，故思修身不可以不事亲。欲尽亲亲之仁，必由尊贤之意，故又当知人。亲亲之杀，尊贤之等，皆天理也，故又当知天。”（《四书集注·中庸章句》）

第二节，本节首先论述了五达道、三达德。五达道是君臣之道、父子之道、夫妇之道、兄弟之道、朋友之道。三达德是：智、仁、勇。而这些道德的实行，要落实在一个“诚”字上。接下来本节指出：不同的人，在不同的条件下实践这些道理，虽然每人的情况各不相同，但是只要达到了目的，就都一样了。本节的最后，孔子指出：好学、力行、知耻接近智、仁、勇三达德，由此可以慢慢具备三达德，进而可以修身、治人、平治天下。

第三节，本节论述了治理国家的九条大纲，并且说明了它们的作用。

第四节，本节承接上一节，具体论述了实施九条大纲的方法。

第五节，本节归纳指出，用来实行九条大纲的方法只有一个“诚”字。任何事都要预先准备，只有做到“诚”，才能做好预备工作。

第六节，本节论述了“诚身明善”是治民之本。如果想要“治民”，就要先获得上级的信任；要获得上级的信任，就要取得朋友的信任；要取得朋友的信任，就要孝顺自己的父母；要孝顺自己的父母，就要“诚身”“明善”。所以说，“诚身明善”是治民之本。

第七节，本节讨论了“诚者”和“诚之者”。“诚者”是天之道，“诚之者”是人之道。天生就“诚”的人是自然而然地合乎道的要求，这样的人是圣人。而实践“诚”的人，则要选择善，然后坚定地追求。这需要五种功夫：博学、审问、慎思、明辨、笃行，如果能坚持不懈，一样也能达到“诚”的地步。

原文

哀公①问政。子②曰：“文武③之政，布④在方策⑤。其人⑥存，则其政举；其人亡，则其政息⑦。人道敏⑧政，地道敏树。夫政也者，蒲卢⑨也。故为政在人，取人以身，修身以道，修道以仁。仁者，人也，亲亲⑩为大。义者，宜也，尊贤为大。亲亲之杀⑪，尊贤之等，礼所生也。（在下位不获乎上，民不可得而治矣⑫）。故君子不可以不修身。思修身，不可以不事亲；思事亲，不可以不知人；思知人，不可以不知天。”

注释

①哀公：春秋时鲁国国君。

②子：孔子。

③文武：周文王和周武王。

④布：陈列。

⑤方策：方，木板。策：竹简。方策即简牍。

⑥其人：周文王和周武王。

⑦息：灭。

⑧敏：迅速。

⑨蒲卢：芦苇。朱熹注："蒲卢，沈括以为蒲苇，是也。以人立政，犹以地种树，其成速矣。而蒲苇又易生之物，其成犹速也，言人存政举，其易如此。"

⑩亲亲：前一个亲字是动词，后一个是名词。亲亲，就是亲近爱护自己的亲人。

⑪杀：读作 shài。等差。

⑫在下位不获乎上，民不可得而治矣：郑玄认为："此句在下，误重在此。"依郑玄说，删去。

译文

鲁哀公向孔子询问政治。孔子说："周文王、周武王的政治措施，都记载在简牍上了。当他们在世的时候，这些政事就能实施；当他们去世了以后，这些政事就废灭了。贤人治理国家，政事能迅速推行，（就好像）在肥沃的土地里种树，树木也生长得很快。施政就好像芦苇一样。（要能够快速生长。）所以，处理好政事在于用什么样的人，得到人才在于修养自身，修养自身在于遵循中庸之道，遵循中庸之道在于以仁为本。所谓仁，就是人性，最重要的是亲爱自己的亲人。所谓义，就是凡事都做得适宜，最重要的是尊敬贤人。亲爱亲人要有亲疏之分，尊敬贤人要有等级之分，这就产生了礼。所以君子不可以不修养自身。要想修身，不能不侍奉父母亲人；要想侍奉父母亲人，不能不了解人；要想了解人，不能不知道天理。”

原文

天下之达道[①]五，所以行之者三。曰：君臣也，父子也，夫妇也，昆弟[②]也，朋友之交也：五者，天下之达道也。知、仁、勇三者，天下之达德[③]也，所以行之者一[④]也。或生而知之，或学而知之，或困而知之，及其知之，一也。或安而行之，或利而行之，或勉强而行之，及其成功，一也。子曰：“好学近乎知，力行近乎仁，知耻近乎勇。知斯三者，则知所以修身；知所以修身，则知所以治人；知所以治人，则知所以治天下国家矣。”

注释

①达道：朱熹注：“达道，天下古今所共由之路也。”

②昆弟：兄弟，包括堂兄弟。

③达德：朱熹注：“谓之达德者，天下古今所同得之理也。”

④一：朱熹注：“一，则诚而已矣。”

译文

天下共有的道路有五条，用来实行这五条路的德行有三种。君臣、父子、夫妇、兄弟、朋友，这五种关系就是天下共有的五条道路。智慧、仁爱、勇敢，这三者是天下人应有的德行，用来实行的就是一个“诚”字。对于这些道理，有的人天生就知道了，有的人通过学习才知道，有的人经历了困苦才知道，但等到他们都知道了，也就一样了。对于这些道理的实行，有的人心安理得地去做，有的人因为利益去做，有的人被迫勉强去做，但等到他们都做成功了，也就一样了。孔子说："爱好学习就接近智了，努力行善就接近仁了，知道羞耻就接近勇了。知道了这三点，就知道了如何修养自己；知道了如何修养自己，也就知道了如何治理别人；知道了如何治理别人，也就知道了如何治理天下和国家了。"

原文

凡为①天下国家有九经②，曰：修身也，尊贤也，亲亲也，敬大臣也，体③群臣也，子庶民④也，来⑤百工⑥也，柔远人⑦也，怀⑧诸侯也。修身则道立，尊贤则不惑，亲亲则诸父⑨昆弟不怨，敬大臣则不眩⑩，体群臣则士之报礼重⑪，子庶民则百姓劝⑫，来百工则财用足，柔远人则四方归之，怀诸侯则天下畏之。

注释

①为：治理。

②九经：九条准则。

③体：体恤。

④子庶民：爱民如子的意思。

⑤来：招徕。

⑥百工：各种工匠。

⑦柔远人：怀柔远方的人，使其归附。

⑧怀：安抚。

⑨诸父：父辈，叔伯。

⑩不眩：不迷惑。

⑪报礼重：指感恩图报而尊重君上。报，回报。

⑫劝：勉励。

译文

凡是治理天下国家的有九条准则，即：修养自身，尊重贤人，亲爱亲人，敬重大臣，体恤群臣，爱民如子，招徕工匠，怀柔远方的人，安抚诸侯。修养自身，就能确立正道；尊重贤人，就不会困惑；亲爱亲人，叔伯兄弟就不会怨恨；敬重大臣，就不会遇事迷惑；体恤群臣，士人就会感恩图报、尊重君上；爱民如子，百姓就会勤勉工作；招徕工匠，财物就能充足；怀柔远人，四方的人就会来归附；安抚诸侯，天下的人就会敬畏。

原文

齐明盛服[①]，非礼不动，所以修身也。去谗[②]远色，贱货而贵德，所以劝贤也。尊其位，重其禄，同其好恶，所以劝亲亲也。官盛任使[③]，所以劝大臣也。忠信重禄[④]，所以劝士也。时使薄敛[⑤]，所以劝百姓也。日省月试[⑥]，既廪称事[⑦]，所以劝百工也。送往迎来，嘉善而矜[⑧]不能，所以柔远人也。继绝世[⑨]，举废国[⑩]，治乱持危[⑪]，朝聘以时[⑫]，厚往而薄来[⑬]，所以怀诸侯也。

注释

①齐明盛服：齐，通“斋”，斋戒。明，洁净。盛服，盛装。齐明盛服，意即，斋戒沐浴，使身心洁净，身着盛装。

②谗：诬陷好人的话。这里指诬陷好人的人。

③官盛任使：朱熹注：“官盛任使，谓官属众盛，足任使令也。盖大臣不当亲细事，故所以优之者如此。”意即，官员众多，足够使用。

④忠信重禄：待之以至诚，养之以重禄。

⑤时使薄敛：适时役使百姓，轻征赋税。

⑥日省月试：经常查考工作。省，读作 xǐng，省察。试，考验，考核。

⑦既廪称事：使所发的薪水粮食与工作业绩相称。既廪，读作 xìlǐn，即“饩廪”，指月给的官俸。称，读作 chèn，符合。

⑧矜：同情。

⑨继绝世：延续已经中断的家庭世系。

⑩举废国：振兴已经废置的国家。

⑪治乱持危：治理乱事，扶持危难。

⑫朝聘以时：朱熹注：“朝，谓诸侯见于天子。聘，谓诸侯使大夫来献。王制比年一小聘，三年一大聘，五年一朝。”朝聘以时，意即，诸侯朝聘要依一定的时期。

⑬厚往而薄来：对诸侯的赏赐要厚，纳贡要薄。

译文

斋戒沐浴，使身心洁净，身着盛装，不做不合礼仪的事，这就是修养自身的方法。驱逐诬陷别人的人，远离女色，看轻财物，重视德行，这就是劝勉贤人的方法。提高亲族的爵位，加厚亲族的俸禄，和他们的爱憎一致，这就是劝勉亲近亲族的方法。官员众多，足够使用，这就是劝勉大臣的方法。真心诚意地对待他们，把丰厚的俸禄赐给他们，这就是劝勉士人的方法。适时地役使百姓，减轻他们的赋税，这就是劝勉百姓的方法。经常查考工作，使所发的薪水粮食与工作业绩相称，这就是劝勉工匠的方法。欢送离去的，欢迎到来的，嘉奖有善行的人，同情怜悯能力弱的人，这就是怀柔远方之人的方法。延续已经中断的家庭世系，振兴已经废置的国家，有乱事的为之平定，有危难的加以扶持，诸侯的朝聘之礼要依一定的时期，对诸侯的赏赐要厚，对他们的纳贡要薄，这就是安抚诸侯的方法。

原文

凡为天下国家有九经[①]，所以行之者一[②]也。凡事豫[③]则立，不豫则废。言前定则不跲[④]，事前定则不困，行前定则不疚[⑤]，道前定则不穷。

注释

①九经：九条准则。

②一：朱熹注："一者诚也，一有不诚，则是九者，皆为虚文矣。"

③豫：预备，准备。

④跲：读作 jiá，绊倒。

⑤疚：惭愧。

译文

治理天下国家有九条准则，可是用来实行这些准则的方法只有一个"诚"字。任何事情，事先有准备才能成功，没有准备就会失败。说话先有准备，就不会语义不通，做事先有准备，就不会遭遇困难，行动先有准备，就不会后悔，道理先有定则，就不会走投无路。

原文

在下位不获乎上，民不可得而治矣。获乎上有道：不信乎朋友，不获乎上矣。信乎朋友有道：不顺乎亲，不信乎朋友矣。顺乎亲有道：反诸身不诚，不顺乎亲矣。诚身有道：不明乎善，不诚乎身矣。

译文

在下位的人，如果不能获得上级的信任，民众就无法治理好了。获得上级的信任是有方法的：如果不能得到朋友的信任，就不能获得上级的信任了。得到朋友的信任是有方法的：如果不孝顺父母，就不能得到朋友的信任了。孝顺父母是有方法的：如果反省自己不真诚，就不能孝顺父母了。使自己真诚是有方法的：如果不明白什么是善，就不能使自己真诚了。

原文

诚①者，天之道也；诚之②者，人之道也。诚者，不勉而中③，不思而得，从容中道④，圣人也。诚之者，择善而固执之者也。博学⑤之，审问⑥之，慎思⑦之，明辨⑧之，笃行⑨之。有弗学⑩，学之弗能，弗措⑪也；有弗问，问之弗知，弗措也；有弗思，思之弗得，弗措也；有弗辨，辨之弗明，弗措也；有弗行，行之弗笃，弗措也。人一能之，己百之，人十能之，己千之。果能此道矣，虽愚必明，虽柔必强。

注释

①诚：朱熹注："诚者，真实无妄之谓，天理之本然也。"

②诚之：朱熹注："诚之者，未能真实无妄，而欲其真实无妄之谓，人事之当然也。"

③不勉而中：不须勉强而合。中，读作 zhòng。

④从容中道：从容，举动之意。从容中道有两种解释：①中读作 zhòng，从容中道，意即，一举一动都合乎道的要求。②中读作 zhōng，从容中道，意即，举动合乎中道，无过与不及。两说皆可通。

⑤博学：广博地学习。

⑥审问：审慎地探问。

⑦慎思：慎重地思考。

⑧明辨：明晰地辨别。

⑨笃行：切实地履行。

⑩有弗学：不学则已。

⑪弗措：不罢休，不停止。

译文

“诚”，是上天的原则；实践“诚”，是做人的原则。天生就“诚”的人，不须勉强而合，不须思维而得，一举一动都合乎道的要求，只有圣人才能这样。而实践“诚”的人，就是选择了善，然后坚定地追求。要广博地学习，审慎地探问，慎重地思考，明晰地辨别，切实地履行。要么不学，学了没有学会就不罢休；要么不问，问了没有明白就不罢休；要么不想，想了没有所得就不罢休；要么不辨别，辨别了没有明确就不罢休；要么不实行，实行了没有切实就不罢休。别人学一次就会了，我就学一百次；别人学十次就会了，我就学一千次。一个人如果真的这样去做，即使他是愚蠢的也会变明白，即使他是柔弱的也会变坚强。

第二十一章

导读

本章阐释“诚”与“明”的关系。

“自诚明”说的就是“诚者”，这样的人天性就是心诚的，由心诚而明白道理，郑玄认为这是圣人；“自明诚”说的则是“诚之者”，这样的人通过学习，由明白道理而做到心诚，郑玄认为这是贤者。

但是，不管是从心诚到明白道理，还是从明白道理到心诚，只要能够成功，“诚”“明”二者就合而为一了。

原文

自①诚明②，谓之性③；自明诚，谓之教④。诚则⑤明矣，明则诚矣。

注释

①自：从，由。

②明：明白。

③自诚明，谓之性：朱熹注：“自，由也。德无不实，而明无不照者，所性而有者也，天道也。”

④自明诚，谓之教：朱熹注：“先明乎善，而后能实其善者，贤人之学，由教而入者也，人道也。”

⑤则：就。

译文

由心诚而明白道理，叫做天赋的本性；由明白道理而做到心诚，叫做人为的教育。做到心诚就能明白道理，明白道理也就能做到心诚了。

第二十二章

导读

本章讨论“天下至诚”的圣人。

圣人做到了“诚”以后，就能够发挥他的本性。进而可以发挥他人的本性、万物的本性。最终能够帮助天地化育生命，由此与天地并立为三。

原文

唯天下至诚①，为能尽其性②；能尽其性，则能尽人之性；能尽人之性，则能尽物之性；能尽物之性，则可以赞③天地之化育④；可以赞天地之化育，则可以与天地参⑤矣。

注释

①天下至诚：朱熹注：“天下至诚，谓圣人至德之实，天下莫能加也。”

②尽其性：朱熹注：“尽其性者，德无不实，故无人欲之私而天命之在我者，察之由之，巨细精粗，无毫发之不尽也。人物之性，亦我之性，但以所赋形气不同而有异耳。能尽之者，谓知之无不明而为之无不当也。”尽其性，意即，充分发挥本性。

③赞：助。

④化育：化生和养育。

⑤与天地参：朱熹注：“谓与天地并立为三也。”

译文

只有天下至诚的圣人，才能充分发挥他的本性；能充分发挥他的本性，就能充分发挥他人的本性；能充分发挥他人的本性，就能充分发挥万物的本性；能充分发挥万物的本性，就可以帮助天地化生、养育生命；能帮助天地化生、养育生命，就可以与天地并立为三了。

第二十三章

导读

上一章讨论了“至诚”的圣人，这一章讨论贤人。

贤人致力于某一个方面的善端，由此也能达到“诚”的境界。贤人达到“诚”以后，会表露（形）、显著（著）、发扬（明），感动人心（动），引起变化（变），最后也达到化育万物（化）的目的。

原文

其次[①]致曲[②]，曲能有诚，诚则形[③]，形则著[④]，著则明[⑤]，明则动，动则变，变则化[⑥]，唯天下至诚为能化。

注释

①其次：指次一等的人，次于圣人的贤人。

②致曲：致力于某一方面的善端。致，推致。曲，偏，一个方面。

③形：表现。

④著：显著。

⑤明：光明。

⑥化：化育。

译文

那些次于圣人的贤人，致力于某一方面的善端，这样也能达到诚的境界。做到了诚就会表现出来，表现出来就会逐渐显著，显著了就会发扬光大，发扬光大就会感动人心，感动人心就会引起转变，引起转变就会化育万物，只有天下最诚的人才能化育万物。

第二十四章

导读

本章论述“至诚之道”的功用。

“至诚”像神灵一样微妙，能够预知未来。国家兴、亡的时候都会有种种征兆出现，表现在人身上，也表现在占卜中。如果能做到“至诚”的话，不论是祸是福都能预先知道。这就是“至诚”的神妙功用。

原文

至诚之道，可以前知①。国家将兴，必有祯祥②；国家将亡，必有妖孽③。见④乎蓍龟⑤，动乎四体⑥。祸福将至：善，必先知之；不善，必先知之。故至诚如神。

注释

①前知：预先知道。

②祯祥：吉祥的预兆。祯，读作 zhēn。

③妖孽：凶祸的预兆。

④见：通“现”。

⑤蓍龟：蓍草和龟甲，用来占卜。

⑥四体：四肢。

译文

如果诚到了极点，就可以预知未来。国家将要兴盛，一定会有吉祥的征兆；国家将要灭亡，也一定会有凶祸的征兆。呈现在蓍草和龟甲上，表现在人的动作上。祸福将要来临时：是福，一定能预先知道；是祸，也一定能预先知道。所以，最高的诚就像神灵一样微妙。

第二十五章

导读

孔颖达说："本章论已有至诚，能成就物也。"（《十三经注疏·中庸》）

朱熹认为：诚是从内心的角度来说的，是本；道是从事理角度来说的，是用。（《中庸章句》："诚以心言，本也；道以理言，用也"）"诚"还不只是自我成就，还要成就万事万物。自我成就是仁，成就事物是智，仁和智都是本性的德行。卫湜引高要谭氏曰："夫诚之体为仁，诚之用为智，诚之实理可据曰德，诚之实理可知曰道。"（卫湜《礼记集说》卷一百三十三）

原文

诚者自成[①]也，而道自道也。诚者物之终始，不诚无物。是故君子诚之为贵。诚者，非自成己[②]而已也，所以成物也。成己，仁也；成物，知[③]也。性之德也，合外内之道也，故时措[④]之宜[⑤]也。

注释

①自成：自我成全。

②成己：完善自己。

③知：通"智"。

④时措：适时实施。

⑤宜：适宜。

译文

诚，是自我完善的；道，是自己运行的。“诚”贯穿于万物发展的始终，没有“诚”就没有万物。所以，君子把“诚”看得特别宝贵。诚，并不只是自我完善，它还成就万事万物。自我完善就是仁，成就事物就是智。仁和智都是本性的德行，融合了自身和外物的法则，所以，适时实施是适宜的。

第二十六章

导读

本章阐述“至诚”的功用和意义。可分为三节。

第一节，从人的角度说“至诚”。如果人能够做到“至诚”，就可以经久不息，进而悠远、博厚、高明。这样就能覆载万物，成就万物，与天地并立为三。

第二节，从天地的角度讲“至诚”。天地同样有博厚、高明、悠久的品格，天、地、山、水，其微虽小，但是不断累积起来，就汇成了无限的宇宙，这和“至诚无息”的道理是一样的。汉郑玄说：“此言天之高明，本身昭昭；地之博厚，本由撮土；山之广大，本起卷石；水之不测，本从一勺，皆合少成多，自小致大。至诚者，亦如此乎。”（《十三经注疏·中庸》）

第三节，引用《诗经》，赞美天命运行的不息和文王纯德的不息，说明天道、人道是相通的，总结前两节的论述，再次彰显“至诚无息”之理。

原文

故至诚无息①。不息则久②，久则征③，征则悠远，悠远则博厚，博厚则高明。博厚，所以载物④也；高明，所以覆物⑤也；悠久，所以成物⑥也。博厚配地，高明配天，悠久无疆⑦。如此者，不见⑧而章⑨，不动而变，无为而成。

注释

①无息：没有间断。

②久：持久。朱熹注："久，常于中也。"

③征：显露于外。朱熹注："征，验于外也。"

④载物：负载万物。

⑤覆物：覆盖万物。

⑥成物：成就万物。

⑦无疆：没有尽头。

⑧见：通"现"，显现。

⑨章：通"彰"，彰明。

译文

所以，最高的诚实是没有间断的。没有间断，就会保持长久；保持长久，就会显露于外；显露于外，就会悠久长远；悠久长远，就会广博深厚；广博深厚，就会高大光明。博大深厚，能用来负载万物；高大光明，能用来覆盖万物；悠远长久，能用来成就万物。广博深厚可以匹配地，高大光明可以匹配天，悠久长远无边无际。这样的作用，不显现也会彰明，不运动也会变化，无所作为也会有所成就。

原文

天地之道，可一言[1]而尽也：其为物[2]不贰[3]，则其生物[4]不测[5]。天地之道：博也，厚也，高也，明也，悠也，久也。今夫天，斯[6]昭昭[7]之多，及其无穷也，日月星辰系焉，万物覆焉。今夫地，一撮土之多，及其广厚，载华岳[8]而不重，振[9]河海而不泄，万物载焉。今夫山，一卷[10]石之多，及其广大，草木生之，禽兽居之，宝藏兴焉。今夫水，一勺之多，及其不测，鼋[11]鼍[12]、蛟龙、鱼鳖生焉，货财殖焉。

注释

①一言：一个字，指“诚”。

②物：指天地。

③不贰：无二心。

④物：指万物。

⑤不测：不可测度。

⑥斯：这。

⑦昭昭：小小的光明。

⑧华岳：华山。

⑨振：整治，约束。

⑩卷：通“拳”。

⑪鼋：读作 yuán。大鳖。

⑫鼍，读作 tuó。扬子鳄。

译文

天地的法则，用一个“诚”字就概括尽了：天地作为存在是没有二心的，而它化生万物神秘莫测。天地的法则：就是博大、深厚、高大、光明、悠远、长久。比方说天，只是一点小小光明的积累，可是积累到无穷无尽之时，日月星辰都悬挂在上面，万物都被覆盖在下面。比方说地，只是一把泥土的积累，可是积累到广大深厚之时，承载着华山也不觉得重，约束着河海的水而不会泄露，万物都被它承载着。比方说山，只是拳头大的石头的积累，可是积累到高大之时，草木生长在上面，禽兽栖居在上面，宝藏蕴藏在里面。比方说水，只是一勺勺水的积累，可是积累到不可测度之时，鼋鼍、蛟龙、鱼鳖都生活在里面，货物财富也在里面生产出来。

原文

《诗》[①]云："维[②]天之命，於[③]穆[④]不已[⑤]！"盖曰天之所以为天也。"於乎[⑥]不显[⑦]，文王之德之纯！"盖曰文王之所以为文也，纯亦不已。

注释

①《诗》：《诗经》。以下的引文出自《诗经·周颂·维天之命》。

②维：发语词。

③於：读作 wū。感叹词。

④穆：肃穆。

⑤不已：不停止。

⑥於乎：呜呼。感叹词。

⑦不显：不，通"丕"，大。显，明显。

译文

《诗经·周颂·维天之命》说："天道的运行，多么肃穆，永不停止！"大概说的是天之所以为天的道理吧。"啊！多么显赫光明，文王的道德是那样纯正！"大概说的是文王之所以谥号为"文"的道理吧，他的纯正也是永不止息的。

第二十七章

导读

朱熹认为，本章“言天道也”。本章可分为三节。

第一节，首先赞美“圣人之道”。“洋洋乎！发育万物，峻极于天”，说的是道体之大。“优优大哉！礼仪三百，威仪三千”，说的是道用之广。道体大而用广，所以须等待圣人、贤人来践行。

第二节，本节阐明欲行圣人之道，必须修德、勤学。本节提出“君子尊德性而道问学，致广大而尽精微，极高明而道中庸。温故而知新，敦厚以崇礼。”这几句话在《中庸》，甚至在儒家思想体系中非常重要。朱熹的解释认为：“尊德性，所以存心而极乎道体之大也；道问学，所以致知而尽乎道体之细也。二者修德凝道之大端也。不以一毫私意自蔽，不以一毫私欲自累，涵泳乎其所已知，敦笃乎其所已能，此皆存心之属也。析理则不使有毫厘之差；处事则不使有过不及之谬；理义则日知其所未知，节文则日谨其所未谨，此皆致知之属也。盖非存心无以致知，而存心者又不可以不致知。故此五句，大小相资，首尾相应，圣贤所示入德之方，莫详于此，学者宜尽心焉。”（《四书集注·中庸章句》）概言之，本节从“尊德性”和“道问学”两个方面，阐明了圣贤所示的“入德之方”，论述了如何追求“圣人之道”。

第三节，本节引用《诗经》阐明：践行“圣人之道”的君子能做到“既明且哲”，兴国保身。孔颖达说：“此一节明贤人学至诚之道，中庸之行，若国有道之时，尽竭智谋，其言足以兴成其国，国无道则韬光潜默，足以容其身，免于祸害。”（《十三经注疏·中庸》）

原文

大哉圣人之道！洋洋[1]乎！发育万物，峻[2]极于天。优优[3]大哉！礼仪[4]三百，威仪[5]三千，待其人而后行。

故曰苟不至德[6]，至道不凝[7]焉。故君子尊德性[8]而道问学[9]，致[10]广大而尽[11]精微，极[12]高明[13]而道[14]中庸。温故而知新，敦厚以崇礼。

是故居上不骄，为下不倍[15]。国有道，其言足以兴，国无道，其默[16]足以容[17]。《诗》[18]曰：“既明且哲[19]，以保其身。”其此之谓与[20]！

注释

①洋洋：盛大，充沛广大。

②峻：大。

③优优：充足有余。

④礼仪：古代礼节的主要规则。

⑤威仪：仪容行止。

⑥苟不至德：如果没有极高的德行。

⑦凝：凝聚，成功。

⑧尊德性：朱熹注：“德性者，吾所受于天之正理。”又注：“尊德性，所以存心而极乎道体之大也。”尊，恭敬奉持。

⑨道问学：朱熹注："道问学，所以致知而尽乎道体之微也。"道，由。问学，询问、学习。

⑩致：推致。

⑪尽：达到。

⑫极：达到最高点。

⑬高明：德行的最高境界。

⑭道：遵行。

⑮倍：通"背"，背叛。

⑯默：沉默。

⑰容：容身，保全自己。

⑱《诗》：《诗经》。以下两句引文出自《诗经·大雅·烝民》。

⑲哲：智。

⑳与：通"欤"。

译文

圣人的道理，真是伟大啊！浩瀚无边！它创造培育万物，与天一样崇高。充裕而又伟大啊！大的礼仪大约有三百条，细的仪节大约有三千条，这些都等待有德之人来实行。

所以说，如果没有极高的德行，就不能成就最伟大的道理。所以，君子恭敬奉持着所受于天的正理，又努力追求学问，既达到广博的地位，又穷尽精微之处，既达到高明的境界，又遵循中庸之道。温习学过的知识，又获取新的知识，敦实笃厚又崇尚礼仪。

所以，身居上位而不骄傲，身居卑贱也不悖逆。国家政治清明时，他的言论足以振兴国家；国家政治黑暗时，他的沉默足以保全自己。《诗经·大雅·烝民》说："既聪明又智慧，可以保全自身。"说的就是这个意思吧！

第二十八章

导读

本章“承上章为下不倍而言，亦人道也”（朱熹：《四书集注》）。本章可分为三节。

第一节，孔子指出三种会招致灾难的情况。一是“愚而好自用”；二是“贱而好自专”；三是“生乎今之世，反古之道”。程颢说：“无德为愚，无位为贱。有位无德，而作礼乐，所谓‘愚而好自用’。有德无位，而作礼乐，所谓‘贱而好自专’。生周之世，而从夏、殷之礼，所谓‘居今世，反古之道’。三者有一焉，取灾之道也。”（《二程集·中庸解》）

第二节，本节论述了“议礼”“制度”“考文”这三件事只有天子才有资格做。有德无位，或者有位无德，都是不可以随便制作礼乐的。其中“今天下车同轨，书同文，行同伦”一句，显得有些突兀，有人认为是后人所加，有一定的道理。

第三节，本节引用孔子的话，阐述“生乎今之世，反古之道”是不妥的。孔子认为，虽然夏礼、殷礼自己都有所了解，但是它们毕竟都已经过时，所以还是遵从周礼为最好。

原文

子[①]曰：“愚而好自用[②]，贱而好自专[③]，生乎今之世，反[④]古之道。如此者，灾及其身者也。”

非天子，不议礼[⑤]，不制度[⑥]，不考文[⑦]。今天下车同轨，书同文[8]，行同伦[9]。虽有其位，苟无其德，不敢作礼乐焉；虽有其德，苟无其位，亦不敢作礼乐焉。

子[10]曰："吾说夏礼[11]，杞[12]不足征[13]也；吾学殷礼[14]，有宋[15]存焉；吾学周礼[16]，今用之，吾从周。"

注释

①子：孔子。

②自用：自以为是。

③自专：独断专行。

④反：通"返"。

⑤议礼：议订礼仪。

⑥制度：作动词用，制订法度。

⑦考文：考订文字。

⑧书同文：字体统一。

⑨行同伦：伦理规范相同。

⑩子：孔子。

⑪夏礼：夏朝的礼制。

⑫杞：国名。传说，周武王封夏的后裔于杞。

⑬征：验证。

⑭殷礼：殷朝的礼制。

⑮宋：国名。殷商的后代居于此。

⑯周礼：周朝的礼制。

译文

孔子说："愚笨而又自以为是，卑贱而又独断专行，生在现在的时代，却恢复古代的做法。这样做的话，灾祸一定会降临到他身上。"

不是天子的话，就不要议定礼制，不要制订法度，不要考订文字。现在天下车子的轮距一致，书写的文字相同，行为的规范相同。即使有天子的地位，假如没有圣人的德行，是不敢制作礼乐制度的。即使有圣人的德行，假如没有天子的地位，也是不敢制作礼乐制度的。

孔子说："我讲解夏朝的礼制，可是夏的后裔杞国已经不足以验证它；我学习殷朝的礼制，殷商的后裔宋国还有残存；我学习周朝的礼制，现在还在使用，所以我遵从周朝的礼制。"

第二十九章

导读

本章“承上章居上不骄而言，亦人道也”（朱熹：《四书集注》）。本章可分为三节。

第一节，本节指出“议礼”“制度”“考文”是治理天下的三件大事。夏商时的礼制虽好，可是没有验证，所以民众难以遵从。孔子虽然善于礼制，可是没有尊位，所以民众也难以遵从。这一节所说的“上焉者”“下焉者”有多种解释，我们在这里采用朱熹之说。

第二节，本节提出了“君子之道”的六条原则：“本诸身”“征诸庶民”“考诸三王而不谬”“建诸天地而不悖”“质诸鬼神而无疑”“百世以俟圣人而不惑”。这六条原则涉及自身和他人、过去和未来、天地和人神。君子如果能遵循之，那么语言行动都会成为天下的法则，他也会成为天下人瞻仰、尊敬的对象。

第三节，本节引用《诗经》，赞美践行君子之道的人是到处受人尊敬的。

原文

王①天下有三重②焉，其寡过矣乎！上焉者③，虽善无征④，无征不信，不信民弗从。下焉者⑤，虽善不尊，不尊不信，不信民弗从。

注释

①王：动词，读作 wàng，称王。

②三重：三项重要的事。指上文的议礼、制度、考文。

③上焉者：指夏、商时代的礼制。朱熹注：“上焉者，谓时王以前，如夏商之礼虽善，而皆不可考。”

④无征：无可考证。

⑤下焉者：在下位的人，如孔子。朱熹注：“下焉者，谓圣人在下，如孔子虽善于礼，而不在尊位也。”

译文

君临天下有三件大事，就是议定礼仪、制订法度、考订文字，如果把这三件事做好，就很少有过失了。夏商的礼制虽好，但是没有验证，没有验证，就很难让人信服，很难让人信服，民众就不会遵从。孔子这样身在下位的人，虽然善于礼制，但是没有尊贵的地位，没有尊贵的地位，就不能让人信服，不能让人信服，民众就不会遵从。

原文

故君子之道：本诸身①，征②诸庶民，考诸三王③而不缪④，建⑤诸天地而不悖⑥，质⑦诸鬼神而无疑，百世以俟⑧圣人而不惑。质诸鬼神而无疑，知天也；百世以俟圣人而不惑，知人也。是故君子动而世为天下道⑨，行而世为天下法，言而世为天下则。远之则有望，近之则不厌。

注释

①本诸身：本源于自身。朱熹注：“本诸身，有其德也。”

②征：验证。

③三王：夏、商、周三代的圣君。

④缪：通“谬”，错误。

⑤建：立。

⑥悖：违背。

⑦质：质询。

⑧俟：等待。朱熹注：“百世以俟圣人而不惑，所谓圣人复起，不易吾言者也。”

⑨道：通“导”，先导。

译文

所以，君子治理天下，要以自身的德行为根本，并从百姓那里得到验证，查考夏商周三代圣君的制度而没有错误，立于天地之间而不违背自然，质询鬼神也没有疑问，百世之后圣人出现也没有疑惑。质询鬼神没有疑问，是知道合乎天理了；百世之后圣人出现也不疑惑，是知道顺乎人情了。所以，君子的举动可以世世代代作为天下人的先导，君子的行为可以世世代代作为天下人的法度，君子的言论可以世世代代作为天下人的法则。离君子远的人仰望他，离君子近的人也不厌倦他。

原文

《诗》[①]曰：“在彼无恶[②]，在此无射[③]。庶几[④]夙夜[⑤]，以永[⑥]终[⑦]誉[⑧]。”君子未有不如此而蚤[⑨]有誉于天下者也。

注释

①《诗》：《诗经》。以下引文出自《诗经·周颂·振鹭》。

②恶：读作wù，厌恶。

③射：读作yì，讨厌。

④庶几：几乎。

⑤夙夜：早晚。夙，读作sù。

⑥永：永远。

⑦终：通“众”。

⑧誉：赞誉。

⑨蚤：通“早”。

译文

《诗经·周颂·振鹭》说：“在那里没有人憎恶，在这里也没有人厌烦。他几乎日夜从不懈怠，使众人永远赞誉。”君子都是这样做，才早早在天下获得好名声的。

第三十章

导读

本章赞美孔子。唐代孔颖达说："此一节子思申明夫子之德与天地相似。"

首先，从正面赞颂孔子的功德：祖述尧舜，宪章文武，上律天时，下袭水土。

其次，将孔子与天地作比。赞美孔子就如同天地那样，"无不持载"，"无不覆帱"，又如"四时之错行"，"日月之代明"。

最后，赞颂"天地之所以为大"，同时赞美了孔子之所以为圣。

原文

仲尼祖述①尧、舜，宪章②文、武，上律天时③，下袭水土④。辟⑤如天地之无不持载，无不覆帱⑥，辟如四时之错行⑦，如日月之代明⑧。万物并育而不相害，道并行而不相悖。小德川流，大德敦化⑨，此天地之所以为大也！

注释

①祖述：效法、遵循前人的行为、学说。

②宪章：取法，效法。

③上律天时：上法天时的自然运行。律，法。

④下袭水土：下合水土的定理。袭，合。

⑤辟：通“譬”。

⑥覆帱：覆盖。帱，读作 dào。

⑦错行：交错运行。

⑧代明：交替照明。

⑨敦化：敦厚化育。

译文

孔子远承尧、舜的传统，近以文王、武王为典范，上法天时的自然运行，下合水土的自然之理。如同天地的无所不载、无所不覆，又如同四季的交错运行，如同日月交替照明。万物共同生长而不互相妨碍，道理一齐实行而不互相违背。小的德行如同河水一样川流不息，大的德行敦厚化育万物，这就是天地之所以伟大的原因！

第三十一章

导读

本章赞美“天下至圣”。

首先，提出了至圣的五种美德：聪明睿知、宽裕温柔、发强刚毅、齐庄中正、文理密察。五个“足以”说明了至圣的美德十分完备。

接着，赞美了至圣的美德广大如天、幽深如渊，民众对之心悦诚服。所以，至圣的美德，是能够与天匹配的。

原文

唯天下至圣①，为能聪明睿知②，足以有临③也；宽裕温柔，足以有容④也；发强刚毅，足以有执⑤也；齐庄⑥中正，足以有敬也；文理密察，足以有别也。溥博⑦渊泉⑧，而时出⑨之。溥博如天，渊泉如渊。见⑩而民莫不敬，言而民莫不信，行而民莫不说⑪。是以声名洋溢乎中国，施及蛮貊⑫。舟车所至，人力所通，天之所覆，地之所载，日月所照，霜露所队⑬，凡有血气者，莫不尊亲⑭，故曰配天⑮。

注释

①至圣：最伟大的圣人。

②聪明睿知：聪，听力敏锐。明，视力敏锐。睿，思想深明。知，通“智”，知识广博。朱熹注：“聪明睿知，生知之质。”

③临：居高临下。

④容：包容。

⑤执：决断。

⑥齐庄：整齐庄重。

⑦溥博：周遍而广阔。溥，读作pǔ，周遍。

⑧渊泉：深静而有本。

⑨时出：随时发见于外。

⑩见：通“现”。

⑪说：通“悦”。

⑫蛮貊：中国古代对少数民族的称呼。貊，读作mò。

⑬队：通“坠”，落。

⑭尊亲：尊敬亲爱。

⑮配天：与天相匹配。

译文

只有天下最伟大的圣人，才能耳聪目明、充满智慧，足以居于上位，治理天下；宽大温和，足以包容万物；奋发刚毅，足以决断大事；整齐庄重，公平端正，足以使人尊敬；文章条理缜密明察，足以辨别是非。圣人的德行，广大幽深，随时表现出来。广大得如同天空，幽深得如同深渊。表现出来的仪容，人民没有不尊敬的，说出来的话，人民没有不相信的，做出来的事，人民没有不喜悦的。所以他的名声传遍了中原地区，并且波及边远的少数民族地区。凡是车船能到的地方，人力能通的地方，天所覆盖的地方，地所承载的地方，日月所照耀的地方，霜露所降落的地方，凡是有血气的人，没有不尊敬亲爱他的，所以说，圣人的美德可以与天相匹配。

第三十二章

导读

上一章“言天下至圣，此章言天下至诚，明至诚所以为至圣也”（卫湜《礼记集说》卷一百三十六）。

本章提出，至诚的人才能规划“大经”，树立“大本”。郑玄认为这里的至诚指孔子，大经指《春秋》，大本指《孝经》。此说可供参考。至诚的人能够经纶“大经”，立“大本”，知“化育”，同样也有“肫肫”“渊渊”“浩浩”的德行之基础。如果不是有“聪明圣知”，就不可能做到。

朱熹总结：“承上章而言大德之敦化，亦天道也。前章言至圣之德，此章言至诚之道。然至诚之道，非至圣不能知；至圣之德，非至诚不能为：则亦非二物矣。此篇言圣人天道之极致，至此而无以加矣。”

原文

唯天下至诚①，为能经纶②天下之大经③，立天下之大本④，知天地之化育。夫焉有所倚⑤？肫肫⑥其仁！渊渊⑦其渊！浩浩⑧其天！苟不固⑨聪明圣知⑩达天德者⑪，其孰能知之？

注释

①至诚：最诚。

②经纶：本意是整理丝缕，引申为治理规划。

③大经：朱熹注："大经者，五品之人伦。"即指君臣、父子、兄弟、夫妇、朋友这五种伦常。

④大本：根本的德行。

⑤倚：依傍。

⑥肫肫：诚恳的样子。肫，读作 zhūn。

⑦渊渊：静深的样子。

⑧浩浩：广大的样子。

⑨固：实在。

⑩知：通"智"。

⑪达天德者：通晓天赋美德的人。

译文

只有天下最诚的人，才能规划天下的常法，树立天下的根本德行，知道天地化育万物的道理。这都是至诚的自然功用，难道还要依傍别的什么吗？他的仁德那样诚恳！他的思想像深水一样沉静！他的德行像天一样广大！如果不是确实具有聪明睿知，能够通晓天赋美德的人，有谁能知道呢？

第三十三章

导读

本章是《中庸》的最后一章。清代李光地说："此章与首章之义相首尾，而总结全篇之意。"（《中庸章段》）本章可分为七节。

第一节，引用《诗经·卫风·硕人》：身穿鲜艳的衣服，在外面加上麻布单衣。借以说明，君子之道是"淡而不厌"，"简而文"，"温而理"的。本节意在说明"入德"之要。

第二节，引用《诗经·小雅·正月》：虽然潜藏在水里，但还是被看得清清楚楚。借以说明君子善"慎独"，所以"不可及"。

第三节，引用《诗经·大雅·抑》：看你独自在你居室中时，能不能做到无愧于心。借以说明君子戒慎恐惧，常怀恭敬之心。

第四节，引用《诗经·商颂·烈祖》：祭祀时默默祈祷，这时没有争执。借以说明君子修德而百姓信服。

第五节，引用《诗经·周颂·烈文》：大大彰显天子的德行，诸侯自然会来仿效。借以说明君子以德示范，坐致太平。宋陈淳说："文章至此，凡五引《诗》，头节说学者须为己，不求人知；第二节说致谨于人所不见处；第三节说不特人所不见，虽己所不闻不见处，亦当致敬；第四节说不待言说，而人自化之；第五节说不显笃恭，圣人至德功效，有自然之应，乃中庸之极功也。"（《北溪大全集》）

第六节，引用《诗经》和孔子的话，说明治民应以德为本，戒厉声厉色。

第七节，引用《诗经·大雅》中的两篇，说明最好的教化是无声无臭的。

朱熹说："因前章极致之言，反求其本，复自下学为己慎独之事，推而言之，以驯致乎笃恭而天下平之盛。又赞其妙，至于无声无臭而后已焉。盖举一篇之要而约言之，其反复丁宁示人之意，至深切矣，学者其可不尽心乎！"（《四书集注》）

原文

《诗》[①]曰："衣[②]锦[③]尚[④]䌹[⑤]。"恶[⑥]其文之著[⑦]也。故君子之道，暗然[⑧]而日章[⑨]；小人之道，的然[⑩]而日亡。君子之道，淡而不厌，简而文，温而理，知远之近，知风之自，知微之显，可与入德[⑪]矣。

注释

①《诗》：《诗经》。以下一句引文出自《诗经·卫风·硕人》。

②衣：读作 yì，动词，穿衣的意思。

③锦：颜色鲜艳的衣服。

④尚：加。

⑤䌹：音 jiǒng，麻制的单衣。

⑥恶：读作 wù，厌恶。

⑦著：显眼。

⑧暗然：隐藏不露。

⑨章：通"彰"。

⑩的然：鲜明显著的样子。的，读作 dì。

⑪入德：进入道德之门。

译文

《诗经·卫风·硕人》说："身穿鲜艳的衣服，在外面加上麻布单衣。"说的是，厌恶衣服的花纹过于显眼。所以君子之道，虽然隐藏不露但是逐渐彰显；小人之道，虽然外表显著但是逐渐消亡。君子之道，虽然平淡但却不使人厌烦，虽然简略但是有文采，温和而有条理，知道远是从近开始的，知道风是从哪里吹来的，知道隐微的会变得明显，这样，就可以进入道德之门了。

原文

《诗》[①]云："潜虽伏矣，亦孔[②]之昭[③]！"故君子内省不疚，无恶于志[④]。君子之所不可及者，其唯人之所不见乎？

注释

①《诗》：《诗经》。以下的引文出自《诗经·小雅·正月》。

②孔：很。

③昭：明。

④无恶于志：无愧于心。

译文

《诗经·小雅·正月》说："虽然潜藏在水里，但还是被看得清清楚楚。"所以君子自我反省没有愧疚，无愧于心。君子之所以让别人赶不上，也许就在这些别人看不见的地方吧？

原文

《诗》[①]云："相[②]在尔室[③]，尚不愧于屋漏[④]。"故君子不动而敬，不言而信。

注释

①《诗》:《诗经》。以下引文出自《诗经·大雅·抑》。

②相：注视。

③尔室：你的居室。

④屋漏：室内西北角，有天窗透光，故名。相传是神明所在，所以以屋漏代替神明。

译文

《诗经·大雅·抑》说："看你独自在你居室中时，能不能做到无愧于心。"所以，君子即使不行动，人民也尊敬他，即使不说话，人民也相信他。

原文

《诗》[①]曰："奏假无言[②]，时靡[③]有争。"是故君子不赏而民劝，不怒而民威于铁钺[④]。

注释

①《诗》:《诗经》。以下引文出自《诗经·商颂·烈祖》。

②奏假无言：奏假，祈祷。无言，不说话。

③靡：没有。

④铁钺：执行军法用的斧子。

译文

《诗经·商颂·烈祖》说："祭祀时默默祈祷，这时没有争执。"所以，君子不赏赐百姓，百姓也会互相劝勉，君子不用发怒，而百姓畏惧他胜过刀斧。

原文

《诗》[①]曰："不[②]显惟[③]德，百辟[④]其刑[⑤]之。"是故君子笃恭[⑥]而天下平。

注释

①《诗》:《诗经》。以下引文出自《诗经·周颂·烈文》。

②不：通"丕"，大。

③惟：语助词。

④辟：读作 bì，诸侯。

⑤刑：通"型"，效法。

⑥笃恭：笃厚而恭敬。

译文

《诗经·周颂·烈文》说："大大彰显天子的德行，诸侯自然会来仿效。"所以，君子笃厚而恭敬，天下就自然太平了。

原文

《诗》[①]云："予怀明德，不大声以[②]色[③]。"子曰："声色之于以化民，末也。"

注释

①《诗》:《诗经》。以下引文出自《诗经·大雅·皇矣》。

②以：与。

③色：严厉的脸色。

译文

《诗经·大雅·皇矣》说："我怀念文王以光明的德行感化百姓，不用厉声厉色。"孔子说："用厉声厉色来教化人民，是末节下策。"

原文

《诗》[①]曰：“德輶[②]如毛。”毛犹有伦[③]。“上天之载，无声无臭。[④]”至矣！

注释

①《诗》：《诗经》。以下一句引文出自《诗经·大雅·烝民》。

②輶：读作 yóu，轻。

③伦：比。

④上天之载，无声无臭：出自《诗经·大雅·文王》。臭，读作 xiù，气味。

译文

《诗经·大雅·烝民》说：“德行轻如毛。”毛仍然是可比的东西。“上天化育万物，无声无息，没有气味。”这是至高无上的境界！